浙江省重点培育智库——中国计量大学"一带一路"区域标准化研究中心资助
"十三五"国家重点研发计划 NQI 重点专项项目"服务认证关键技术研究与应用"资助
中国计量大学经济与管理学院特色文库工程资助项目

U0505578

服务质量特性萃取
与感知质量测量研究

乐为 杨静 曾宇容 著

Research on Service Quality
Characteristics Extraction and Perceived
Quality Measurement

中国财经出版传媒集团
经济科学出版社
Economic Science Press

图书在版编目（CIP）数据

服务质量特性萃取与感知质量测量研究／乐为，杨静，曾宇容著．—北京：经济科学出版社，2022.2
ISBN 978 - 7 - 5218 - 3037 - 8

Ⅰ．①服…　Ⅱ．①乐…　②杨…　③曾…　Ⅲ．①网上购物 - 服务质量 - 质量管理 - 研究　Ⅳ．①F713.365

中国版本图书馆 CIP 数据核字（2021）第 231723 号

责任编辑：周胜婷
责任校对：王苗苗
责任印制：张佳裕

服务质量特性萃取与感知质量测量研究

乐为　杨静　曾宇容　著

经济科学出版社出版、发行　新华书店经销

社址：北京市海淀区阜成路甲 28 号　邮编：100142

总编部电话：010 - 88191217　发行部电话：010 - 88191522

网址：www.esp.com.cn

电子邮箱：esp@esp.com.cn

天猫网店：经济科学出版社旗舰店

网址：http://jjkxcbs.tmall.com

固安华明印业有限公司印装

710×1000　16 开　13.25 印张　200000 字

2022 年 4 月第 1 版　2022 年 4 月第 1 次印刷

ISBN 978 - 7 - 5218 - 3037 - 8　定价：78.00 元

（图书出现印装问题，本社负责调换。电话：010 - 88191510）

（版权所有　侵权必究　打击盗版　举报热线：010 - 88191661

QQ：2242791300　营销中心电话：010 - 88191537

电子邮箱：dbts@esp.com.cn）

序

当前，服务业开放合作正日益成为推动发展的重要力量，我国服务业发展更是空间巨大、前景广阔。从全球情况看，2019 年世界上主要发达国家服务业占 GDP 的比重平均约为 75%，我国服务业占 GDP 的比重仅为 54%。同时，按照世贸组织的统计，2019 年全球的服务贸易占全球贸易总额的比重为 24%，我国的这一数据在同年只有 15%。可以看出，与其他经济体相比，我国的服务业仍有很大的上升潜力和空间。

但服务业的提升不仅在于体量，更在于质量。随着新一轮改革开放的深入推进，我国服务业将面临更激烈的竞争，一方面亟待大力发展现代服务业，另一方面要提升传统服务业专业化、规范化水平，对标国际先进水平提升质量。2018 年 12 月，市场监管总局和国家发展改革委印发了《服务业质量提升专项行动方案》的通知，提出要"加强服务质量测评指标、模型和方法研究，推进建立服务质量综合评价体系，逐步完善模型统一、方法一致、测评规范、数据归集、结果可比的服务质量监测机制"；同时要"加强服务认证技术和规范研究，完善服务业重点领域认证认可制度。建立健全社会第三方服务认证认可制度，鼓励企业积极参与服务认证，引导各类服务企业特别是中小型服务企业获得服务认证，帮助更多服务企业提升质量管理水平"，这为我国服务业下一步发展指明了方向。

本书的缘起来自国家重点研发计划"国家质量基础的共性技术研究

与应用"重点专项"服务认证关键技术研究与应用"项目。笔者及项目小组成员正是为解决上述《服务业质量提升专项行动方案》中"建立服务质量综合评价体系"和"加强服务认证技术和规范研究"两大问题而进行集中攻关。

想要评价服务质量，就得对服务及其质量进行科学系统的精准描述，而要精准描述服务质量，就需要对决定服务质量的要素进行有效萃取，再进行服务质量评价。因此本书的第一任务就是构建服务感知质量要素模型，提取服务产品感知质量共性要素，形成服务特性基础测量技术，形成多阶段、多维度相结合的整体测量技术体系，攻克服务特性萃取和测量技术。

除此之外，还要开展服务认证的共性技术研究。目前已开展的服务认证主要包括：以提供服务组织为对象，以 ISO9000 标准为基础，对服务组织管理体系进行认证的管理类认证；以服务提供者的保障能力为主要认证对象，重点审查服务提供者的硬件、软件、人员等具有的条件与资质是否达到相应标准的保障类认证；针对服务过程的认证，通过过程评估，评价服务组织的服务承诺；以及针对服务成本和绩效为核心的认证，强调以绩效提升为主要目的，对服务的结果进行评价。

现阶段这几种服务认证往往以单一项目为研究，缺乏顶层设计，模式不统一；评价标准不一致，方法不一致。特别值得指出的是，这些服务认证大多不是基于消费者的视角来进行，而是基于服务企业管理者视角来展开，这就忽视了在服务质量评价中最为关键的主角——消费者。事实上，真正能直接决定服务优劣的并非单纯的管理体系、保障能力、服务承诺或服务结果中的某一类，而是消费者自身的感知，只有消费者对服务感知觉得满意，才是最终证明了服务质量的胜出，并赢得了顾客的满意度和忠诚度。

由此可见，服务认证需要从消费者感知入手，重新架构服务认证的评价基础，这也恰恰是本书的特色之一。本书对服务质量的评价都是基于消费者视角开展，通过构建基于顾客感知的服务质量测评模型，为后续的服务认证工作打下理论基础。

在这一项目的研究过程中，中国认证认可协会原秘书长生飞先生及技术标准部李喜俊主任、傅斌友博士，上海质量管理科学研究院陈华所长、王勤志先生等多位专家为项目顺利开展提供了非常宝贵的意见，中国计量大学经管学院尹洪娟副教授、江青虎副教授、薛会娟副教授、郭小钗副教授等作为骨干成员参与了整个项目，并做出了重要贡献。

本书写作过程中，孟洁莹、耿子文、何冬慧、金翔、陈蕾琼、王丹丹、崔文海等研究生做了大量的工作，与此同时笔者还参考了国内外大量的专著和论文，限于篇幅无法一一罗列，在此一并向所有专家和学者致谢！

未来我国的服务业将以提高质量和核心竞争力为中心，创新服务质量治理，推动生产性服务业向专业化和价值链高端延伸、生活性服务业向精细和高品质转变，不断提升公共服务供给能力和供给质量，实现服务业质量水平整体提升，更好支撑经济转型升级，更好满足人民日益增长的美好生活需要。本书如果能在服务业这一历史发展进程中起到些许理论上的支撑，做出一点微薄的贡献，将是笔者最大的荣幸！

是以为序。

乐　为

2021 年 12 月于杭州

目录

第一章

绪　　论

一、研究背景

（一）服务业的发展

近年来，我国的服务业快速发展，对国民经济在就业、经济增长、外贸投资等方面的影响力越来越大。《中华人民共和国2019年国民经济和社会发展统计公报》指出，2019年我国的服务业增加值是534233亿元，相比2018年，增长了6.9%。2019年我国服务业就业的总体人数为36721万人，占当年就业总人数的47.40%。总体而言，在国民经济增长中，服务业贡献率超过一半，达到59.4%，2015～2019年我国的服务业增加值与增长率情况如图1-1所示。

从2019年服务业各细分产业的增加值和增长率来看，2019年增幅最快的分别是信息传输、软件和信息技术服务，较2018年增长18.7%；

租赁和商业服务，较上年增长8.7%；金融服务业，较2018年增长7.2%；交通运输、仓储和邮政业，较2018年增长7.1%。①

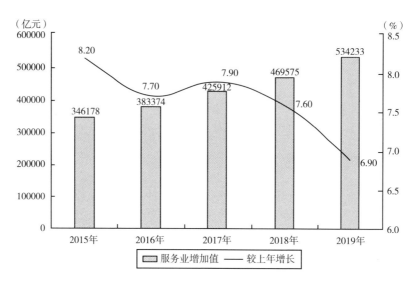

图1-1 2015～2019年我国服务业增加值及增长率情况

资料来源：笔者根据相关数据整理。

在服务业快速发展的同时，服务业企业"大而不强"的问题依然突出。由于我国第三产业发展起步晚，服务理念不清晰，服务人员素质较低等多方面原因，我国服务业整体质量不高，与发达国家乃至部分发展中国家相比差距甚远。而且，中国服务企业市场拓展能力偏低，服务质量测评体系不完善，对服务人员培训不专业，因此难以在"买方市场"赢得竞争力。加之，近年来居民生活水平提高，顾客消费理念日益成熟，服务需求从单纯地追求量向追求质转变，我国现有的服务水平难以满足顾客日益增长的需求。《中国质量万里行》杂志发布的"2017年度质量消费白皮书"显示，2017年我国服务质量投诉涵盖旅游、邮政、教育培训、

① 资料来源：《中国统计年鉴2019》。

金融等 12 个行业，需进一步规范服务质量，以促进产业发展。

国家市场监督管理总局 2018 年 5 月发布的国家服务业质量监测结果显示，2017 年服务业万人投诉量（3.03）呈现上升趋势，远高于工业万人投诉量（2.20），其中新兴服务业万人投诉量大幅攀升，服务业质量问题日益成为市场监管的主要矛盾，服务质量差距制约中国服务国际竞争力。赢得服务竞争和减轻压力的关键即是服务质量（Raymond，2003；Roy，2015；Nguyen，2016；范秀成，2006；罗文强，2012）。

（二）服务质量提升的作用

服务质量的本质就是一种感知（Gronroos，1982；Lehtinen，1982；Parasuraman et al，1985；Cronin & Taylor，1992；Hsieh et al，2008；Roy，2015）。从 20 世纪 80 年代开始，在国外研究中感知服务质量已成为服务管理研究领域的热点之一，研究涉及感知服务质量的定义、维度、影响因素、测量方法以及对满意度的影响等（Gronroos，1982；Lehtinen & Lehtinen，1982；Lewis & Booms，1983；Parasuraman et al，1990）。但对于服务质量的感知通道研究并未涉及，在应用最广泛的帕拉休拉曼等（PZB）的 SERVQUAL 量表中也仅仅是通过访谈、问卷等方法获得。

本书尝试从服务质量的感知通道切入进行探索，以"六大感知"为感知通道、以"服务交互"为感知对象、以"服务过程"为感知内容构建全新的服务质量感知模型。

二、研究对象的选择

本研究以服务质量的感知通道切入，构建三维服务质量模型，并从消费性服务业、生产性服务业、公共服务业三个层面开展实证研究。

1966 年，美国经济学家格林菲尔德（H. Greenfield）在研究服务业分类时从服务活动和服务功能两个视角来进行概念界定（Browning & Singelman，1975；Hubbard & Nutter，1982；Daniels，1985；Howells & Green，1986），并提出了生产性服务业（producer services）的概念。格鲁贝尔和沃克尔（Grubel & Walker，1989）提出，如果要理解什么是消费性服务业，只需判定这种服务需求的来源是否为了满足个人以及家庭消费者，这是鉴别消费性服务业最显而易见的方法。而服务业根据服务供应商和服务接受方的类型不同，除了消费性服务业和生产性服务业以外，还有一类重要的服务，即公共服务。

其中，在消费性服务业，本书依据黄维兵（2000）、郭世英等（2010）和梁华峰（2014）等对消费性服务业的定义，同时参考施门纳（Schmenner）根据劳动密集程度和交互定制程度划分的服务业类型，选取了航空、餐饮、零售、旅游、酒店、银行和医疗 7 个行业进行问卷调查，以保证服务特性萃取结果的科学性和普适性。在生产性服务业，选择金融服务业、物流服务业 2 个行业，在企业访谈的基础上再开展问卷调查。

三、技术路线和研究方法

（一）技术路线

技术路线是本书的总体研究规划，包括研究背景、基于 CiteSpace 的服务质量知识图谱分析、文献综述、研究模型构建、分行业实证分析及对策建议等，如图1－2所示。

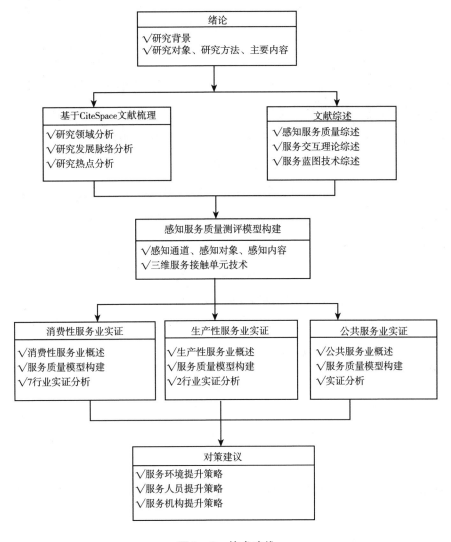

图1－2　技术路线

（二）文献研究与规范分析

1. 文献研究

主要通过参考文献查找法收集服务质量、感知服务质量、服务接触理论、服务交互理论、服务蓝图技术等与本研究相关的资料，在对资料进行摘录、整理和选择的基础上得到本研究的有效信息，厘清感知服务质量研究中的热点及存在的问题，从而使研究更具科学性和准确性。

2. 基于 CiteSpace 的科学知识图谱分析

CiteSpace 通过可视化手段展现某一科学领域的文献全景，并识别其发展脉络、研究热点、关键文献等（陈悦、陈超美和刘则渊，2015）。本研究使用 CiteSpace 对中英文献进行梳理分析，了解感知服务质量的研究领域、研究发展脉络、研究热点等。中英文文献分别从科学网（web of science，WOS）和中国知网（CNKI）选取。

（三）统计模型分析

1. 问卷调查法

本书首次运用三维服务接触单元技术对服务质量维度进行划分，并采用深度访谈与扎根理论编码分别设计消费性服务业、生产性服务业和公共服务业的服务质量评价问卷，通过纸质问卷的形式对所选行业进行调研。

2. 因子分析法

运用 SPSS22.0 软件对消费性服务业、生产性服务业和公共服务业所收集的数据进行探索性因子分析，提取出能够反映所测内容的特性因子并对其命名，然后对各因子的信效度进行检验，以保证所构建服务质量测评量表的合理性。

3. 结构方程模型法

结构方程模型（structural equation modeling，SEM）是对传统多变量因子分析与线性模型之回归分析统计技术的融合，能有效辨识、估计与验证模型。本书运用 AMOS16.0 软件对服务质量测评模型进行验证性因子分析，并对各测评模型的相关性与拟合度进行检验。

四、研究内容和主要章节安排

本书内容主要包括服务质量特性萃取的提出背景、基于 CiteSpace 文献梳理及文献综述、服务质量模型构建、基于消费性服务业的实证、基于生产性服务业的实证、基于公共服务业的实证以及对策建议，共由八个章节构成。

第一章绪论，主要介绍本书的研究背景、研究意义、技术路线与研究、研究内容与主要章节安排等相关内容。

第二章基于 CiteSpace 的科学知识图谱分析，从研究领域、关键词分布、共被引作者和突发性文献检验、共被引文献聚类等视角，对感知服务质量近 40 年的文献进行了梳理。

第三章文献综述，对感知服务质量理论、服务交互理论、服务蓝图技术进行详细阐述，为后面的研究进行理论铺垫。

第四章基于顾客感知的服务质量测评模型构建，通过感知通道、感知对象、感知内容的分析，创新地形成三维服务接触单元技术，构建感知服务质量 72 方格模型。

第五章消费性服务业服务特性萃取，采用三维服务接触单元技术与因子分析、AMOS 等方法，对消费性服务业进行感知服务质量模型构建，并针对航空、餐饮、零售、旅游、酒店、银行和医疗等7个行业进行问卷调查和服务质量特性提取。

第六章生产性服务业服务特性萃取，采用三维服务接触单元技术与因子分析方法，对生产性服务业进行感知服务质量模型构建和服务质量特性提取。

第七章公共服务业服务特性萃取，梳理公共服务业的特征并构建公共服务业的服务质量评价模型，并进行服务质量特性提取。

第八章服务质量提升对策建议，根据之前各章的研究成果，分别对消费性服务业、生产性服务业和公共服务业的质量提升提出了针对性的建议，以利于各行业在工作中予以持续改进。

结语部分归纳了本书的主要结论和学术贡献，指出研究中存在的不足之处，并提出本领域未来在理论研究、实践研究中的发展方向。

第二章

基于 CiteSpace 的科学知识图谱分析

服务质量的本质就是一种感知（Gronroos，1982；Lehtinen，1982；Parasuraman et al，1985；Cronin & Taylor，1992；Hsieh et al，2008；Roy，2015）。从 20 世纪 80 年代开始，在国外研究中感知服务质量已成为服务管理研究领域的热点之一，研究涉及感知服务质量的定义、维度、影响因素、测量方法以及对满意度的影响等（Gronroos，1982；Lehtinen & Lehtinen，1982；Lewis & Booms，1983；Parasuraman et al，1990）。

CiteSpace 通过可视化手段展现某一科学领域的文献全景，并识别其发展脉络、研究热点、关键文献等（Chen，2006；陈悦、陈超美和刘则渊，2015；杨宇琦，2018）。本书使用 CitesSpace 对文献数据进行研究领域分析、共被引作者分析和文献突发性分析和文献聚类分析，总结感知服务质量相关研究的发展历程与趋势，发现其中的核心文献以及研究的焦点。数据基于科学网（WOS）核心合集 SCI 和 SSCI 数据库，将主题词限定为"service quality"，时间轴为 1981～2018 年，检索获得 4316 篇文献。

一、研究领域分析——学科及关键词聚类视角

本部分基于 CiteSpace 软件对该研究领域的学科、关键词分别进行分析，并利用 Gephi 软件对分析结果进行可视化处理。

首先，对服务质量研究进行学科领域分布分析，共得到 63 个节点。63 个节点共聚为 6 个大类，详见图 2 - 1。在每个大类中节点最大的领域分别为商业经济学（business economics）、管理学（management）、商业学（business）、社会科学（social sciences）、计算科学（computer sci-

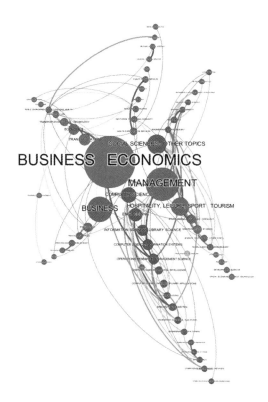

图 2 - 1   研究领域知识图谱

ence)、健康关怀服务（health carefulness service）。同时，从连接线可看出各个领域间的关联研究繁多，亦可说明服务质量涉及的领域较广。

其次，进行服务量关键词共现网络分析，以了解服务质量研究领域的热点问题和发展脉络，如图 2 - 2 所示。发展脉络图的网络密度为 0.0018，"silhouette" 值为 0.732，"modularity" 值为 0.865，说明网络模块化结构显著，聚类效果良好、聚类结果合理。

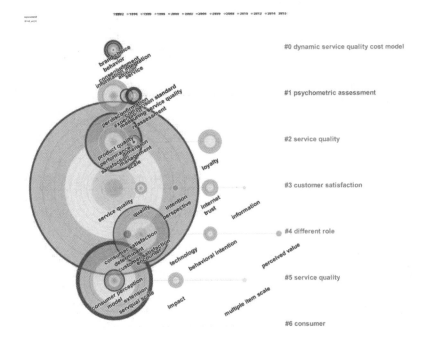

图 2 - 2　关键词聚类发展脉络知识图谱

从图 2 - 2 可以看到，在服务质量研究的前 20 年，即 2000 年以前，最为重要的关键词为服务质量（service quality）、量表（scale）、顾客感知（consumer perception）和模型维度（model dimension）。何为感知服务质量？它是指顾客对于服务质量的评价是基于他们接受服务之前的心理预期与接受服务之后的实际感受之间的比较，是通过比较的差值来衡量企业服务水平能否满足顾客期望（Gronroos，1982；Lehtinen & Lehtinen，1982；Lewis & Booms，1983；Parasuraman et al，1990）。从关键词的聚类可以看出，四个大的聚类均围绕其定义展开。

2000~2010 年，忠诚（loyalty）、信任（trust）、行为意向（behavioral intention）、互联网（internet）等关键词在该领域的研究中频繁出现。在该阶段，相关研究集中于互联网服务质量、服务质量与顾客忠诚、消费者信任对服务质量的影响等。

2010 年之后，服务质量研究领域已经有了一定的基础，各研究者更加偏向于服务质量的个性化研究，如针对各个热点服务业开展服务质量测量，多角度研究服务质量对提升顾客满意度和品牌形象的影响等。

二、研究发展脉络分析——文献共被引聚类视角

对文献共被引进行分析能对该研究领域的文献进行关联性上的区分，以反映该研究领域的现状（孙久舒，2013）。本书以引用参考（cited reference）作为节点类型，以 Top30 作为文献选取标准，经过 CiteSpace 对共被引文献聚类分析之后，得到由 545 个节点、1036 条连线组成的知识图谱（见图 2 - 3），其中，网络密度为 0.0217，"silhouette" 值为 0.712，"modularity" 值为 0.7253，说明网络模块化结构显著，聚类效果良好，具有较高的信度。而后利用总结句子（summarizing sentences）基于中介中心性对其最具有代表性的句子进行了提取（多于 1000 篇文献），具体结果见表 2 - 1。

聚类数量最多的无疑是 "#29 服务质量（service quality）"，与关键词、摘要等聚类检索相吻合。此外，聚类数量较多的还有 "#2 模型

(model)""#7 信任（trust）""#33 绩效（performance）""#44 顾客满意（customer satisfaction）"。从代表例句中可以看到，"#2 模型"中指出SERVQUAL 量表是测量服务质量的最佳方式，"#7 信任"中强调公司声誉与品牌形象对服务质量的影响，"#44 顾客满意"分析了技术质量、功能质量和关系质量之间的关系。

图 2 - 3　文献共被引与关键词聚类知识图谱

由图 2 - 3 可见，共被引文献与关键词聚类大致可以分成 5 类。20 世纪 90 年代，以帕拉休拉曼（Parasuraman，1988，1994）、克罗宁（Cronin，1992，1994）为主的学者以服务、服务质量、满意度为核心对服务质量进行了初步研究，旨在探究服务质量的定义、测量方法、量表设计与模型构建。随着各学者对服务质量研究的逐渐深入，2000 ~

表 2 - 1　聚类词与代表句总结

聚类号	聚类数量	Silhouette 值	平均引用年	聚类标签	代表例句（中心性最高的一句）
#2	3212	0.728	2003	模型（Model）	结果表明，最好使用基于绩效的 SERVQUAL 版本来衡量服务质量，并且衡量重要性可能与衡量管理目的的期望一样重要（Results indicate that service quality is best measured with a performance-based version of SERVQUAL, and that measuring importance may be as critical as measuring expectations for management purposes）
#7	1921	0.823	2001	信任（trust）	在许多商业市场中，公司的声誉对购买决策有很大的影响，这可能与品牌形象更具体的产品的相关影响不同（In many business markets the company's reputation has a strong influence on buying decisions which may differ from the more specific product related influence of the brand's image）
#29	4210	0.945	1997	服务质量（service quality）	改进当前做法的建议包括：衡量客户、以前的客户和潜在客户；衡量对竞争对手产品的满意度；分解满意度以更好地反映成本或他们衡量员工群体的绩效；并且，当不同的客户细分具有不同的转换成本或它们在激励计划中分配中分别衡量的精度不同时，则分别衡量客户细分并将衡量细分在激励计划中分配不同的权重（Recommendations for improving upon current practice include: measure customers, former customers, and potential customers; measure satisfaction with competitors' products; disaggregate satisfaction to reflect better the performance of employee groups; and, when different customer segments have different switching costs or they vary in the precision with which their satisfaction can be measured, then measure the segments separately and assign different weights in the incentive plan）

续表

聚类号	聚类数量	Silhouette 值	平均引用年	聚类标签	代表例句（中心性最高的一句）
#33	1392	0.761	2000	绩效（performance）	搭建过程质量失误与总体服务过程绩效的关系模型（Modelling the relationships between process quality errors and overall service process performance）
#44	1129	0.891	2002	顾客满意（customer satisfaction）	一项涉及 287 名消费者的实证测试评估了三种质量之间的关系（An empirical test involving 287 consumers reporting on a wide array of stores assesses whether the relationship between three quality）

资料来源：根据 CiteSpace 数据资料整理。

2005 年，以泽斯曼尔（Zeithaml，2002）、迪诺（Delone，2003）和帕拉休拉曼（Parasuraman，2005）为主的学者以信任、顾客满意、管理承诺为研究重点，探讨具体行业的服务质量影响因素以提升顾客满意度和企业利润，并作为企业战略的重要组成部分。如泽斯曼尔（Zeithaml，2002）对电子渠道的价值忠诚链进行服务质量分析；帕拉休拉曼（Parasuraman，2005）对网站服务质量的影响因素进行分析，提出网络环境中的积极因素和消极因素。再后来，众多学者（Lai，2009；Kuo，2009；Hair，2010，2011）在完善前人研究方法与模型的基础上，对航空业、快递业、银行业等与人们生活息息相关的行业进行了分析。

三、研究热点分析——突发性文献视角

本研究接下来对文献突发性进行检验，共获得突发性文献共计 207 篇，研究中选择突发强度大于 10，且在 WOS 数据库中的被引次数大于 1000 的文献，即前 6 篇突发文献进行分析，具体见表 2 - 2。

表 2 - 2　　　　　　　　突发性文献检验总结

编号	参考文献	突发强度	被引起止时间	被引频次
1	Parasuraman A, Zeithaml V A and Berry L L (1988). SERVQUAL: a multiple item scale for measuring consumer perception of service quality [J]. Journal of Retailing, Vol. 64 No. 1: 12 - 37.	58.3211	1989/2018	55 (5795)
2	Cronin J J and Taylor S A (1992). Measuring service quality: a reexamination and extension [J]. Journal of Marketing, Vol. 6, July: 55 - 68.	48.9076	1993/2017	103 (2828)

续表

编号	参考文献	突发强度	被引起止时间	被引频次
3	Anderson E W and Sullivan M W (1993). The Antecedents and Consequences of Customer Satisfaction for Firms [J]. Marketing Science, Vol. 12 No. 2: 125 – 143.	16.8258	1994/2018	38 (1369)
4	Parasuraman A, Zeithaml V A and Berry L L (1985). A conceptual model of service quality and its implications for future research [J]. Journal of Marketing, Vol. 49 No. 3: 41 – 50.	15.0337	1986/2018	22 (5056)
5	Bolton R N and Drew J H (1991). A Multistage Model of Customers' Assessments of Service Quality and Value [J]. Journal of Consumer Research, Vol. 17 No. 4: 375 – 384.	12.3071	1993/2018	57 (1019)
6	Gronroos C (1984). A service quality model and its marketing implications [J]. European Journal of Marketing, Vol. 18 No. 4: 36 – 44.	11.2413	1994/2018	29 (1394)

注：被引频次为 CiteSpace 分析文献中被引频次，括号内数字为 WOS 中记录全部被引频次。

　　由突发强度和被引频次可以看出，以格罗鲁斯（Gronroos）、帕拉休拉曼（Parasuraman）、泽斯曼尔（Zeithaml）、克罗宁（Cronin）、奥利弗（Oliver）为主的学者对于服务质量研究的贡献巨大。其中，帕拉休拉曼等（PZB）于 1988 年发表的"SERVQUAL：a multiple item scale for measuring consumer perception of service quality"突发强度最大，在 WOS 中被引频次达到了 5795 次之多，帕拉休拉曼等（PZB）于 1985 年提出的服务差距模型，1988 年提出的 SERVQUAL 量表均成为本领域的经典，SERVQUAL 量表的 22 个测量条款、5 个服务质量特性更是被后来学者所广泛借鉴。同时亦有许多学者认为该量表只注重服务过程的测量，而未关注服务结果（Das，2010；张世琪、宝贡敏，2008）。

随着科学技术的发展、消费者需求的多样化,服务业的涵盖领域、服务质量的要求均在发生变化,SERVQUAL量表亦需进一步完善,帕拉休拉曼(Parasuraman,2005)亦开始关注网络环境中服务质量的特性的变化。同时在测量服务质量时需更多地关注消费者的体验,需要深入探索消费者的感知通道,而对于服务质量的感知通道研究并未涉及这方面,在应用最广泛的帕拉休拉曼等(PZB)的SERVQUAL量表中也仅仅是通过访谈、问卷等方法获得。本研究尝试从服务质量的感知通道切入,探索全新的服务质量感知模型。在中国的传统文化中有"六根"感知外部世界之说,其实,"六根"即六种知觉,是人认识外界事物的不同途径。西方近一二百年的研究中不乏对于"联觉(synaesthesia)或通感(joined sensation)"的研究,根据理查德(Richard,1993)、西托维奇和伊格尔曼(Cytowic & Eagelman,2009)等学者的研究,联觉感知即是一种具有神经基础的感知状态,常常是某种感觉引发另一种或多种的感知,即中国传统思想的"六根互用"。众多学者(Martin,2003;Krishna,2011;王海花,2007;王志超,2017;吕兴洋,2017)亦认为,打造全球顶级品牌需创造出全新的"五维"感官世界,以提升顾客忠诚度。由此可见,"六大感知"将对顾客感知服务质量的提升意义深远。

第三章

文献综述

近年来，服务业随着市场的不断开放以及自由竞争，其发展更加快速，服务行业服务质量意识和管理水平不断提升。但从高质量发展阶段的新要求来看，服务质量意识不强、管理水平有限、质量基础设施不够完善、高层次质量人才缺乏、质量持续提升内生动力不足等问题依然突出，服务质量仍是服务业高质量发展的制约性因素。因此，对于服务质量的实务要求和理论研究也成为近年来国内企业管理与营销界关注的热点问题。

研究服务质量测评首先需要了解并熟悉相关理论内涵。本章将针对有关服务质量研究的经典理论，对本研究的核心概念（感知服务质量）和基本理论（服务交互理论、服务蓝图技术）进行述评。

一、感知服务质量理论

（一）感知服务质量内涵

服务质量是服务营销管理领域中最为重要的研究主题，对其研究始于 20 世纪 80 年代，北欧著名学者格罗鲁斯（Gronroos，1982）根据认知心理学首次对"顾客感知服务质量"（customer perceived service quality）的概念进行阐述。他首次将质量内涵定义为顾客感知的主观质量，并认为顾客感知的服务质量是顾客期望的服务质量与实际接收的服务质量之间的差距。当实际感知大于期望的时候顾客将会觉得服务质量较好，而当实际感知小于期望的时候顾客则会认为服务质量较差。这一突破性的理论阐述不仅标志着服务营销管理的诞生，还为今后的研究奠定了基础，研究者们也自此将服务质量的研究视角由服务提供商转向顾客。

随后，刘易斯和布恩斯（Lewis & Booms，1983）提出服务质量可用于衡量组织所提供的服务水准能否很好地迎合顾客的期望；泽丝曼尔（Zeithaml，1988）则更清晰地对感知服务质量进行定义，认为服务质量是顾客对服务卓越或优秀的整体判断；卡瑞孟（Caraman，1990）则提出服务质量是服务接受过程中顾客所感受到的服务水平；比特纳（Bitner，1990）在探索服务接触时提出了服务质量的新内涵，即服务质量是顾客对自身与服务提供者之间服务接触的主观评价；戈巴戴安（Ghobadian，1994）通过对服务质量概念与模型的研究，将服务质量定义为服务交付时服务结果满足期望的程度；罗伯特（Robert，1998）针对顾客行为与感知的关系重新定义了服务质量，他提出服务质量是服务绩效与服务感知之间的差距；赵（Chiu，2002）在服务感知影响因素的探究中，认为服务过程中顾客的认知与情感是服务质量的主要来源。

除此之外，莱维特（Levvit，1972）、加尔文（Garvin，1984）、帕拉休拉曼（Parasuraman，1985）等学者都曾在服务相关研究中阐述了服务质量的内涵（见表 3-1）。虽然不同学者从不同角度出发对服务质量内涵进行定义，但整体上差别并不大，他们普遍认为：感知服务质量是一种主观质量，应从顾客视角出发对其进行把握。

表 3 - 1   感知服务质量内涵代表性观点整理

代表性学者	发表年份	感知服务质量内涵
莱维特（Levitt）	1972	服务结果符合预期标准的程度
格罗鲁斯（Gronroos）	1982	顾客感知的主观质量，分为技术质量与功能质量
加尔文（Garvin）	1984	顾客对服务的主观反应
刘易斯和布恩斯（Lewis & Booms）	1983	衡量所提供的服务水平是否很好地迎合顾客的期望
帕拉休拉曼（Parasuraman）	1985	服务实际绩效符合顾客期望
泽丝曼尔（Zeithaml）	1988	有关服务卓越或优势的整体判断
卡瑞孟（Caraman）	1990	服务接受中所感受到的服务水平
比特纳（Bitner）	1990	对顾客与服务提供者之间服务接触的主观评价
戈巴戴安（Ghobadian）	1994	服务交付时符合服务期望的程度
罗伯特（Robert）	1998	服务绩效与服务感知间的差距
赵（Chiu）	2002	服务过程中顾客的认知与情感

（二）感知服务质量模型

经过几十年的研究发展，感知服务质量模型已日益发展成熟，本书选取最具代表性的 3 个经典理论模型进行介绍与评述。

1. 顾客感知服务质量模型

感知服务质量模型是典型的二维服务质量测评模型，此模型最早是由格罗鲁斯（Gronroos，1982）提出的，后经过两次修改，形成了如今学界熟知的顾客感知服务质量测评模型（见图 3 - 1）。此模型认为顾客对服务质量的整体感知不仅受服务企业形象的影响，还随服务期望质量与服务体验质量差距的改变而改变。其中服务期望质量受营销手段、公共关系、企业销售等六类因素的影响；而服务体验质量可分为功能质量（functional quality）和技术质量（technical quality）两部分。功能质量又称为结果质量，用于衡量企业提供何种服务；技术质量又称为过程质量，用于评价企业如何提供服务。

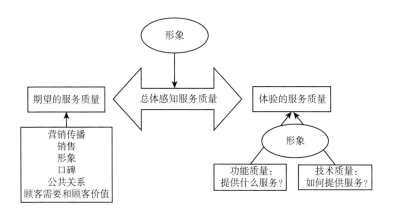

图 3 - 1　顾客感知服务质量的测评模型

资料来源：Gronroos C. Strategic management and marketing in the service sector［R］. Helsinki, Finland：Swedish School of Economics and Administration，1982.

此模型清晰地展现了感知服务质量的过程要素，揭示出内部营销对服务企业巨大的影响力。后人也在此框架基础上对服务质量维度进行探究，如布雷迪和克罗宁（Brady & Cronin，2001）提出的多层级服务质量模型，它在原有的两个维度之上还增加了环境质量要素，使得服务质量维度最终包括成果质量维度、交互质量维度、环境质量维度。

2. 服务质量差距模型

1985 年，北美学派三位学者帕拉休拉曼、泽丝曼尔和贝瑞（Parasuraman, Zeithaml, Berry, 简称为 PZB）首次提出了服务质量差距模型（service quality gap analysis model），如图 3 - 2 所示。此模型继承与发展了格罗鲁斯（Gronroos）的感知服务质量模型，在肯定了服务期望与服务感知差距的同时对其进一步细分，最终确定出服务过程中存在五大差距。由于此模型在很大程度上有利于企业改进服务质量和服务营销，因此5GAP模型也成为目前最为广泛接受的服务质量分析模型。

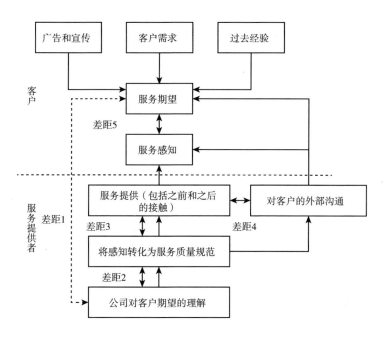

图 3 - 2　PZB 服务质量差距模型

资料来源：Parasuraman A, Zeithaml V A, Berry L L. A Conceptual Model of Service Quality and Its Implications for Future Research ［J］. Journal of Marketing, 1985, 49 (4)：41 - 50.

从模型图中可知，此模型被虚线划分为两部分：上半部分与客户有关，而下半部分与服务提供者有关。模型中存在的五大差距分别为：

（1）差距1：服务认知差距（knowledge gap）。差距1是消费者的服务期望与服务企业所认知的期望之间存在的差值。此差距产生的原因主要来源于企业自身，服务企业市场调研及顾客关系维护的不完善，服务人员向上沟通渠道的不畅通都会直接导致服务认知差距的产生。

（2）差距2：服务标准差距（standard gap）。差距2是服务企业认知的顾客期望与所制定的服务标准之间存在的差距。该差距产生的根本原因在于失败的服务设计。在服务标准设置阶段，相关负责人员需将传统的企业绩效标准与顾客期望标准合理区分开。

（3）差距 3：服务交付差距（delivery gap）。差距 3 是企业提供的服务绩效与所设置服务标准之间的差距。服务标准的有效执行是避免此差距产生的最有效方法。在服务企业准确理解顾客需求并设置合理服务标准的基础上，还需加强服务具体执行的管理，否则标准永远只是标准，难以发挥规范作用。

（4）差距 4：服务沟通差距（communication gap）。差距 4 是企业通过内外部宣传给予消费者的承诺与服务真实绩效之间存在的差距。真实的广告宣传和恰当的营销沟通可有效避免服务沟通差距的产生。

（5）差距 5：感知服务质量差距（service gap）。差距 5 是顾客所感知的服务质量与所期望的服务质量之间存在的差距。此差距是由前面四个差距共同作用形成的，也是全模型中最关键的差距。

服务质量差距模型为服务企业缩小服务差距、改进服务质量、实现更好服务营销提供理论参考。随后，此模型在卡瑞（Curry，1999）与卢克（Luk，2002）等学者的共同研究下发展成为 7 差距模型。

3. SERVQUAL 模型

SERVQUAL 模型同样也是由帕拉休拉曼等（PZB）三位学者共同提出的。此理论模型依据服务质量感知理论，进一步改进了原有服务质量差距模型（service quality gap analysis model）研究中所提取的 10 个服务特性——可靠性、能力、可接近性、礼貌、沟通、可信度、安全性、理解、有形性，三位学者将存在高度相关性的 6 个维度合并成两个新特性，最终形成我们熟知的 SERVQUAL 模型（见图 3 – 3）。SERVQUAL 模型进一步拓展了格罗鲁斯（Gronroos，1982）的理论，将每个维度的服务质量定义为期望（E）与感知（P）的差值（P-E），并以此来对服务质量进行判断，当期望大于感知的时候表明有较差的服务质量，反之则有较高的服务质量。其中涉及的五个服务质量特性分别为：

（1）可靠性（reliability）：指服务企业能够准确可靠地完成所承诺的服务。

（2）响应性（responsiveness）：指服务人员乐于帮助顾客并及时提供适时服务。

（3）保证性（assurance）：指服务人员通过自身知识以及礼仪来求得顾客的信任与信心。

（4）移情性（empathy）：指服务人员能够给予顾客照顾以及个性化关怀。

（5）有形性（tangibles）：指为顾客提供包括设备、设施、人员、材料等一切有形物质。

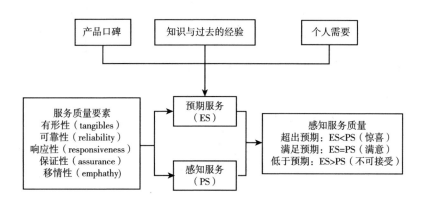

图 3 - 3　SERVQUAL 模型

资料来源：Parasuraman A, Zeithaml V A, Berry L L. A multiple-item scale for measuring consumer perceptions of service quality [J]. Journal of Retailing, 1988, 42 (1)：12 - 40.

虽然 SERVQUAL 模型在量表的信效度、不同文化及不同行业的适用性等多方面受到国内外学者的质疑，但不可否认的是此模型仍为服务质量研究领域中最具权威的理论模型之一。

（三） 感 知 服 务 质 量 测 评 方 法

由于服务具有无形性、异质性等特征，难以在质量评价中像实体产品一样被量化测量。因此，西方学者开发出多种感知服务质量测评方法以保证服务质量的优质提供。本书选取最具代表性的四类服务质量测评法——服务质量模型（SERVQUAL）测评法（1988）、服务绩效模型（SERVPERF）测评法（1992）、无差异模型（non-difference）测评法（1993）和重要表现程度（IPA）测评法（2005），加以简要介绍。

1. 服务质量模型（SERVQUAL）测评法

服务质量模型测评量表是帕拉休拉曼等（PZB）三位学者基于20世纪80年代的美国服务市场所创建的评价工具，其主体部分由5个服务维度及其下设的22项具体测评指标构成，评分采用七分制的形式，分别对顾客的服务期望和实际感知进行测量。服务质量的得分（QS）则用服务实际感知（PS）与服务期望（ES）的差值来表示，即 QS = PS − ES，一般以负值存在，差值的绝对值越大，表示服务质量越难满足顾客需求。

服务质量模型评价量表不仅能有效评估服务企业的总体质量，还能对企业各维度的服务质量进行控制，对服务企业规范服务、明确服务质量提升关键点具有重要意义。因此，自此测评方法提出以来，一直得到学者们及调研人员的广泛应用。

然而，近年来对于服务质量模型的争议也络绎不绝。芬恩（Finn，1991）在进行实证研究中发现，该模型的测量框架并不能适用于零售行业；布朗（Brown，1993）认为该模型测量结果会受顾客之前服务经历影响，评价结果不准确；马尔霍特拉（Malhotra，1994）提出该模型是基于美国市场情境构建的，难以在其他国家尤其是不发达国家适用；施国宏（2009）等学者在对我国图书馆服务质量的研究中发现，原有的该模型是结合银行业、电器维修业等 8 个传统服务行业提出的，对于部分新兴行业的测评结果可信性不高。范悦谦（2015）认为该模型评价法在应用中应根据不同行业不同情境对问项进行调整。

2. 服务绩效模型（SERVPERF）测评法

服务绩效模型评价法是由克罗宁和塔洛尔（Cronin & Talor，1992）共同提出的，虽在测评量表的内容上沿用了服务质量模型的 5 个维度及 22 项评价指标，但在服务质量的测量方法上有很大的革新。克罗宁和塔洛尔（Cronin & Talor）认为服务测评过程中填写的期望值与顾客接受服务时产生的真实期望有所差异，因此该模型测评法直接选用服务绩效值（PS）来衡量服务质量（QS），即 QS = PS。而在探索性因子分析中，服务绩效模型测评量表的信效度均优于服务质量模型。此外，该模型的运用从实证层面证实了帕拉休拉曼等（PZB）早先提出的服务质量影响消费者满意度并进一步指导其行为意向的结论。

服务绩效模型量表虽理论创新性不大，但此方法在实践应用领域相比服务质量模型测评方法更加简单易用。

3. 无差异模型（non-difference）测评法

对服务质量模型测量效度存在异议的还有布朗、丘吉尔和鲍尔（Brown，Churchill & Paul）三位学者，他们认为在服务感知与服务期望的差值计算中容易产生误差，故而开发出无差异测评量表。此方法在量表内容上采用服务质量模型原有的维度与问项，而在质量评价中直接运用顾客期望与感知的差值进行测量，量表信效度较佳，操作简单、快捷。但也有学者认为无差异模型的测评方法加大了顾客问卷填写的难度，难以确保研究数据的真实性。

4. IPA 测评法

重要表现程度模型（importance-performance analysis，IPA）测评法通过重要性与绩效双维度的测量来实现对服务质量的评估（见图 3 - 4）。重要表现程度模型量表将企业的服务内容划分成四个象限，横坐标用于衡量服务绩效值，纵坐标用于测量服务重要性，不同象限代表不同服务质量。象限1表示顾客认为该服务较重要且对服务绩效较满意，此服务是企业的主要竞争优势来源；象限2表示顾客对此服务的重视度高，但其绩效难以满足顾客期望，此服务为该企业重点改进项目；象限3的服务重视度及绩效值均不高，在资源有限的前提下应适当抛弃；象限4表示此服务绩效高但不受顾客重视，意味着企业在此项目的投入过度。重要表现程度模型测评法以二维象限的形式将服务结果呈现给管理者，更加直观清晰。

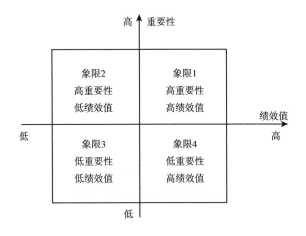

图 3 − 4　IPA 测评法

资料来源：Boginski V，Butenko S，Pardalos P M. Statistical analysis of financial network ［J］. Computational Statistics Date Analysis，2005，48（2）：431 − 443.

二、服务交互理论

过程性是服务最为核心和最基本的特性。服务是过程，是活动。对于服务消费，消费者体验到的价值是在消费过程中予以创造的。服务的生产和消费往往是同时进行的。在服务生产和消费过程中，顾客要与企业发生多层次、多方面、多次数的交互活动。

服务的过程性决定了服务过程中必然产生交互，而交互理论最初来源于服务接触理论。服务接触（service encounter）的内涵也随着理论的深化，经历了从单纯的人际接触向其他非人为接触拓展。艾戈勒和艾瑞克朗歌德（Eiglier & Ericlangeard，1977）就通过"服务生产模型"展现了服务人员与顾客的交互关系。美国学者苏普南特和所罗门（Surprenant & Solomon，1987）提出"服务接触"概念，把它定义为"顾客与服务提供者之间的动态交互过程"。他们的依据是"服务接触是角色扮演"，顾客与员工承担各自的角色。他们把"服务接触"局限于顾客与员工间的人际接触。

北欧学派的代表人物格罗鲁斯（Gronroos，1982）提出"感知服务质量"三维度模型，他指出总的服务质量由企业形象、技术质量和功能质量共同构成。1984年格罗鲁斯（Gronroos）对这个三维度模型进行了修正，认为总的服务质量只包括技术质量和功能质量。其中，技术质量是服务生产过程的"结果"所形成的，所以在服务管理中，也称其为结果质量，是顾客在服务过程结束后的"所得"；而功能质量则指顾客在服务过程中是如何得到服务的，表示服务提供的"过程"，所以又称为过程质量。格罗鲁斯认为：在服务提供者提供服务和顾客消费服务的过程中，顾客对服务质量的感知不仅包括他所得到的服务结果，而且包括他被提供服务的方式、方法和态度等过程。

之后，鲁斯特和奥利弗（Rust & Oliver，1994）进一步提出，应当将服务接触所在的有形环境纳入服务质量要素之中，也就是说，还要增加"在何处接受服务"这样一个要素，从而提出了服务质量的三维度模型，即：服务质量由服务产品、服务传递和服务环境共同组成。其中，服务产品是指顾客在服务过程中得到了什么，也就是所说的技术质量；服务传递是指顾客在服务过程中如何感知服务的，也就是所说的功能质量；而环境质量是指服务生产与消费的场所环境，也就是所说的服务质量的有形性。

交互质量是服务质量的关键要素。肖斯塔克（Shostack，1985）则使用了服务交互（service interaction）的概念，用来指更广泛的"顾客与服务企业的直接交互"。从顾客感知的角度看，直接影响顾客感知的有两个方面，一个是服务的产出，一个是服务的过程中直接与顾客交互的部分。他认为服务交互除了指服务提供商与服务接受者之间的互动外，还应将其他外部设施设备与服务接受者之间的互动纳入其中。随后，比特、布恩斯和特屈尔（Bitter，Booms & Tetreaul，1990）首次将服务接触外延加以扩展，认为服务接触不仅包括人际间的互动，还应该考虑其余非人为因素间的影响。

一些学者在对服务质量的划分中，也对服务质量的不同部分进行了定义，其中就有针对服务交互过程的定义。例如，莱赫蒂宁（Lehtinen，1982）提出产出质量和过程质量的概念，后来在1991年，他又提出物质质量、交互质量和企业质量的概念，这是交互质量概念首次被明确提出。奥尔森（Olsen，1992）提出了包括过程质量、设计质量、生产质量的概念。范秀成（1999）将感知的服务质量分为两大要素：一是产出质量，二是交互质量。前者对应于格罗鲁斯（Gronroos）的"产出/技术质量"，后者在广义上指各种形式的交互，狭义上指服务过程的人际交互。范秀成提出在考虑服务交互中还应包括顾客之间的互动，创造性地提出了服务扩展交互模型，受到国内外学者的广泛关注。

随着服务交互概念的产生和发展，不少学者着手于探讨服务交互模型。从交互元素的数量上来分主要包括以下几种类型。首先是只强调顾客与服务提供者之间互动的二元服务剧场模型；之后，贝特森（Bateson，1981）等又将与服务环境的交互加入其中，构成了三元交互模型（如图 3 – 5）；除此之外，威尔森（Wilson）等将管理者纳入交互模型中形成的四元交互模型以及格罗鲁斯（Gronroos）提出的服务系统模型都共同推动了服务交互理论的发展。

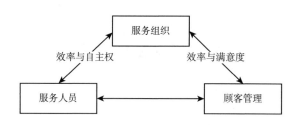

图 3 – 5　服务交互的三元模型

资料来源：Bateson J E G，Lovelock C H，Eiglier P. Services Marketing：New Insights from Consumers and Managers ［M］. Cambridge，Marketing Science Institute，1981.

　　关于交互的特征问题，国内学者孔庆民（2008）提出了以下几个方面的特征：（1）过程性。服务从本质上看是"过程而不是物件"。服务的生产和消费往往是同时进行的，顾客要参与服务生产，并与服务企业产生多层次多方面的交互。交互过程的好坏直接影响着顾客的评价，决定着服务质量的高低。（2）关键性。与顾客简短的交互过程是决定顾客对服务总体评价最重要的因素，是企业吸引顾客，展示服务能力和获得竞争优势的时机。（3）重视人的作用。只有首先不断提高人的质量，才能不断提高服务过程、产品、组织体系的质量。（4）以顾客为中心。顾客是产品服务的接受者，更是服务的生产者，服务组织的顾客可以来自组织内部，但更主要的是广大消费者。

　　从服务交互的重要性来说，交互过程对员工、顾客乃至整个组织都具有重要意义。顾客通过服务交互中与服务人员、服务机构的接触来感知服务内容及其特点。良好的交互行为，能够让顾客产生愉悦感，从而提升对服务质量的满意度和对组织的信任感。而对于员工来说，交互过程的顺利与否又与其工作心情和态度直接相关，并间接影响服务提供的质量。对于组织而言，交互过程的质量对整个组织的声誉及其组织文化的传播都会施加或多或少的影响。可见，服务交互理论在服务质量的研究中发挥了不可或缺的作用。

三、服务蓝图技术

（一）服务蓝图技术的内涵

服务蓝图是详细描画服务系统与服务流程的图片或地图。在进行服务设计时，设计人员非常希望能够充分了解用户与产品互动、服务的过程和细节，但是服务过程一般是非常分散的，是由多个接触点构成的，这使得在进行服务质量评价时产生很多的不确定性。服务蓝图（service blueprint）的出现能够很好地解决这个难题。1984年，肖斯塔克（Shostack）意识到可以用服务蓝图将流程中的顾客行为分解出来。后来，肖斯塔克和布伦戴奇（Brundage）等研究者将多门学科的相关技术应用在服务设计，为服务蓝图的发展做出了重要的贡献。

服务蓝图技术是一种能够将服务中各个流程清晰描绘，并让服务参与者和接受者清楚了解服务过程以及各自角色定位的一种可视化技术。这种技术很好地解决了服务过于抽象的难题，在保证服务顺利进行的基础之上提升了服务质量。菲茨西蒙斯（Fitzsimmons，1995）曾对该技术内涵进行阐述，认为服务蓝图技术通过对服务流程、员工和顾客的角色定位、服务即遇以及服务中有形因素的持续描绘来使服务可视化。

服务蓝图内的各个元素都来源于服务体系，是服务体系的具体化表达形式。这种表达形式将整个服务流程从服务开始的接待位置、服务实施者（员工）和授予者（顾客）的角色分配、服务期间的有形要素、支撑接待服务的后台空间以及整个服务实施的全部过程，利用可视图形展现出来。

肖斯塔克（Shostack，1992）使用服务蓝图将服务流程合理地分割成不同的模块，然后逐一描述过程中的各要素或任务，从而解决描述服务流程模型时叙述不完整、描述简单、描述偏差和解释不明等各类问题。在横向上，服务蓝图按时间顺序对整个服务流程进行描述；在纵向上，其显示各个要素之间的内部协作，描绘服务前、中、后台的服务全景。服务蓝图的特点是使用顾客的视角，能够清晰地观察研究整个业务流程中所有的接触点，通过对各个接触点和流程次序的改进和优化可以更好地提高用户体验。

相对于无形的服务行为，我们可以利用服务蓝图的具体化特点，观察服务过程中的每个步骤，分析每个服务步骤中的人员、任务和目的，也明确指示出这一服务步骤中的操作手法。这种巧妙的展示方式，使得服务流程中所有涉及的角色都能够非常客观地理解并对自身环节加以合理地处理。除此之外，服务蓝图将顾客的行为活动与服务员工的授予行为发生关系的接触点，清晰直观地表现在了蓝图中，因而想要提高服务质量，就可以从蓝图中的接触点入手，重点控制各接触点中人员服务的操作行为，把控服务质量。因此，服务蓝图的最大特征就是从用户的视角出发进行服务过程的设计，这正是当今消费文化中人性化设计理念的重要体现。

（二）服务蓝图的特征

服务蓝图一般被三条线即互动分界线、可视分界线、内部互动分界线分成四个部分，这四个部分代表了服务过程中最常见的四类行为，自上而下分别是有形展示顾客行为、前台接待员工行为、后台接待员工行为以及服务支持过程（见图3-6）。以餐饮服务业为例：

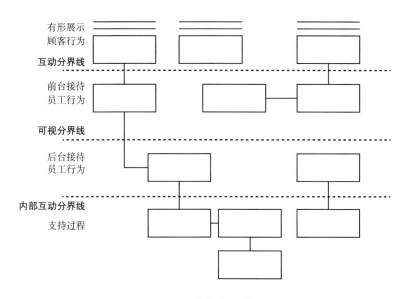

图3-6 服务蓝图构成

资料来源：Fitzsimmons J A, Fitzsimmons M J, Service management ［M］. New York, McGraw - hill, 1995.

（1）有形展示顾客行为：顾客在整个服务过程中所进行的活动都包括在其中。例如，顾客在餐厅用餐时的预约、点菜、用餐、结账、索要发票等各类活动均属于顾客行为。

（2）前台接待员工行为：前台员工通常是指与顾客发生直接接触的人员。例如餐饮服务业中，迎宾人员、服务员、收银人员等前台接待人员的相关行为活动。

（3）后台接待员工行为：后台接待员工也为顾客提供着直接的服务，但它区别于前台员工的最重要一点，就是它不与顾客发生直接接触。如餐饮业中，厨师为顾客烹饪美食的活动就为典型的后台接待行为。

（4）服务支持过程：与一线员工不同的是，支持过程不但看不到，并且顾客也难以察觉，但它却是一个企业运作中所不可或缺的。例如餐饮行业中，财务人员以及人力资源管理人员所提供的相关工作。

服务蓝图与其他流程图相比较的最大区别，是该种表现形式可以将顾客纳入服务体系当中，从两种角度进行服务设计，完善服务过程。现代服务模式倡导用户体验，因而服务者要从顾客角度出发，考虑服务需求，自我评价服务质量，用逆向思维弥补服务漏洞。因此，服务蓝图是否具备科学性，首先要看该服务蓝图中是否真正考虑到了顾客视角。

服务蓝图中的每一个图形都是服务中不可或缺的步骤，所以说，服务蓝图可称为服务体系的"说明书"。服务蓝图的建立主要依赖于对服务过程中不同角色行为与逻辑关系的有形描述，其绘制目的是直观呈现出整个服务过程中的所有行为内容，然后根据蓝图中的重要接触点来提升服务质量；比对各个顾客行为、服务工作人员的"前后"行为以及支持过程这几方面出现的问题，进行综合整理分析，提出合理的解决措施，使得最终的服务得到优化。

服务蓝图的这种分类描述，使得原本复杂的服务步骤变成具体的简单图形。每一个方框中含有的角色和行为内容，均依据实际的操作服务而填写，所以服务蓝图的框架如何、细节多少也体现着服务方的层次和定位，表现为服务档次的高低以及服务环节的数目、复杂与否，因为服务蓝图绘制得越细致，服务环节越复杂、越周到，与之匹配的服务方的定位也就越高。

服务蓝图的有形展示，使服务企业能从顾客角度出发，全面真实地审视自己所提供的服务，对服务关键阶段的把握与服务质量的把控具有一定意义。完整地绘制服务蓝图并加以分析思考，不仅可以有效提升服务质量，解决原有服务的弊端缺陷，还可以根据用户的需求，去开发设计新的服务流程，具有一定的创新意义。

四、本章小结

　　以上三个方面的文献综述分别从不同的角度带给我们灵感。感知服务质量理论启示我们，顾客对服务质量的判断来自其主观感受，来自其真实体验与内心期望之间的差距。这说明要深入研究服务质量，就不可避免地要对消费者的感知，也就是其主要感官的运作机理开展研究。此外，服务交互理论告诉我们，服务是在顾客与服务人员、服务系统、服务环境等进行交流互动之间得以实施和开展的，因此要了解顾客在服务过程中的感受，就应从顾客与人员、系统和环境发生交互时的界面入手。服务蓝图理论则从流程的视角，提醒我们要对服务的不同阶段进行分析，这不仅可以防止我们在研究中遗漏一些服务环节，还能帮助我们对每个环节中有哪些服务触点进行梳理。因此，接下来的研究将基于这些文献的启迪，揭示服务质量从顾客感知的视角应该如何进行全方位、全过程的测量。

第四章

基于顾客感知的服务
质量测评模型构建

　　在本书文献综述部分已经详细对服务特性及服务质量测评模型的研究进行整理分析，经过学者们的实证研究及实践运用，可知目前多数服务质量测评指标缺乏对顾客感知的直观反映，难以将服务过程中消费者与服务机构的互动瞬间真实呈现。本章将基于顾客感知视角，为通用性服务测评模型的构建提供最佳框架。

　　本章首先对服务交互理论与服务蓝图技术进行介绍，这些相关理论为本次研究提供了理论及研究基础支撑，在其基础上，进而提出三维服务接触单元技术。

一、感知通道——"六大感知"维度

　　早在 20 世纪 80 年代，萨瑟（Sasser）等学者就开始对服务特性进行探讨，提出了服务具有无形性、异质性、生产与消费的不可分离性和易逝性这四个特性，并得到了学术界的一致认可。之后艾迪特和帕金森（Edgett & Parkinson）认为服务还具有顾客接触和基于客户的关系等特性。从服务的特性中不难看出，服务质量更多的是按顾客的主观感知加以衡量和检验。除此之外，不同人具有不同的价值观、审美观，这种主观性会使不同消费者对相同的服务产生不同的服务体验。因此，服务的无形性和异质性，决定了服务本身难以被衡量。感知服务质量作为消费者对客观服务的主观评价，随消费者自身经验、价值观的改变而不同，使得感知服务质量的测量变得困难。

近年来，感官营销（sensory marketing）成为营销学界和实务界共同关注的热点，相关研究于 21 世纪初期应运而生，已被多个行业的营销者成功运用。譬如，漱口水在口腔中造成的刺痛，钢笔书写时的沙沙声，柠檬味的餐具洗涤剂等，无不证实了利用感官可以打动消费者，借由感官体验能够放大消费者的品牌认知。正如刘国华（2015）指出，感官营销起源于人体感官体验，它注重对顾客态度的考虑，通过多维度沟通和数字化技术等方式满足个体消费者，促使公司不仅需要基于逻辑和理性，还需要通过情感和价值观去创造品牌意识和建立持续的品牌形象。

感官营销的出现弥补了视觉和听觉二维传播手段的不足。我们除了视觉和听觉外还有触觉、味觉、嗅觉等信息储存方式，研究表明，同时调动人的五种感官，能最大化保证接受一切事物。人的感官具有与生俱来的记忆天赋，会主动地为我们感知这个世界，并会在不知不觉的情况下决定我们对事物的看法。感官营销通过在产品的营销过程中融入能够带给人们感官刺激的成分，让消费者在消费的过程中主动感知产品的属性特点，得到视觉、听觉、味觉、嗅觉、触觉乃至意识的全方位满足。这种感官体验不是强迫的，而是"不由自主"的，因此对消费者来说也是最直接、最深刻的。

感官营销领域的先驱研究者阿莱德哈娜·科瑞斯纳（Aradhna Krishna，2012）认为，能够愉悦人们感官的产品才更有吸引力，企业应关注创造和突出产品带来的感官享受，通过对消费者感官的触发来建立起感官知觉与所需价值之间的联系。

近年来，学者们逐步确立了感官营销在营销战略层面的地位，瑞典学者贝迪尔·霍顿（Bertil Hulten）在2009年出版的《感官营销》中对感官营销模式和消费者策略进行的实证与应用研究，证实了人类感官在市场营销中的重要性，不同的感官表达能够帮助消费者识别企业或品牌。贝迪尔·霍顿（Bertil Hulten，2009）认为，基于人类感官的认知加工感官表征和消费体验，越来越深刻地影响和决定了消费者行为和企业营销实践。桑托斯（Santos，2003）在对虚拟服务质量模型的探索中指出感知会影响顾客的观念及判断，从而进一步指导其行为意向。利斯特龙（Linstrom，2010）认为营销者可通过改善顾客五官体验来提高消费满意度。为使评价结果量化，有必要重点把握消费者感知的影响要素。

营销学者克里希纳（Krishna，2013）回顾了近年来感官营销领域的主要研究成果，并对营销经理人提出了一系列管理建议，她认为营销者应当实施"感官转向"（sensory makeover）。而营销专家利斯特龙（Linstrom，2010）通过企业案例分析、消费者调查和心理学实验等方法对企业实施感官营销战略提出建议。这两人的观点有许多不谋而合之处，他们都认为企业实施感官营销战略需要从五种感官入手，注意以下要点：（1）触觉：产品触感对消费者认知和判断影响重大，触觉能够在一定程度上决定顾客的心理认知，而触觉最容易切入的营销机会在于产品包装和服务环境。故触觉营销指通过在触觉上为消费者留下难以忘怀的印象，宣传产品的特性并刺激消费者的购买欲望。（2）视觉：消费者每天通过视觉获取的信息量最大，眼睛也是传统营销竞争最激烈的感觉器官，因此，品牌的视觉第一印象和冲击力非常重要，同时视觉判断也容易出现错觉，例如同样体积大小长条形包装让人感觉容量大。因此，视觉营销就是通过视觉刺激达到销售目的的一种营销方式，它包括陈列设计、卖场 POP 设计和店铺设计等。（3）嗅觉：气味与消费者的记忆关联紧密，独特的嗅觉能够增强消费者对品牌和产品的回忆。另外嗅觉与警觉性判断有关，因此，消费者大多会毫不犹豫地否决嗅觉不佳的产品。所以嗅觉营销是指通过特定气味吸引消费者关注、记忆、认同，并最终形成对企业品牌的忠诚度。（4）听觉：声音与消费者的情绪有密切关系。听觉是情感导向的，有研究表明广告音乐能够显著影响观看者的心情（Park & Young，1986）。由此，听觉营销指利用美妙或独特的声音，吸引消费者的听觉关注，并在消费者的心目中形成独特的声音。（5）味觉：与嗅觉类似，它是一种"化学感官"，难以有机会被应用于营销活动，但对于食品营销者而言需要注意的是味觉判断非常容易被其他感官影响（例如，声音、气味和颜色）。所以味觉营销是指以特定味道吸引消费者关注、记忆、认同并最终形成消费的一种营销方式。

随着对感官营销的不断深入研究，学者们认为运用味觉、触觉、嗅觉、视觉、听觉等进行直接的感知体验营销是企业赢得竞争的重要法宝之一（Peck & Childers，2008；Krishna，2012；严莉，2006；钟科等，2016；王志超，2017）。彭凯平等（2012）认为身体与物质世界发生沟通交换时，视觉、听觉、嗅觉、味觉和触觉帮助人们从外界获取信息，身体过程与心理认知过程是相互渗透的。苏新庆（2015）指出几大感知互用可以达到一个使人入景、叫人生情的境界。同理，提升服务质量更要从顾客的"感知"出发，在服务的提供过程中，从各种感官的角度可以更好地了解顾客需求，从而提升顾客满意度。刘国华（2015）提出在神经学上，将感觉混合的现象称为"联觉"现象，指的是各种感觉之间相互作用的现象，即对一种感官的刺激作用触发另一种感觉的现象。

　　尽管五大感知理论对企业经营起到了很好的指导作用，但是事实上，除了以上五种感觉之外，笔者认为还有一个最综合的感觉——思维意识，就是外部的综合刺激导致人对自身活动产生一种指导调度的思维或认知，或者说是大脑对一切接收到的信号做出的反应。它是对于以上多感官的整合，当消费者产生一种或一种以上的感官体验时，人的思维会下意识地对自身认知产生影响，最终出现各类行为。这一观点也被相关文献支持，例如周裕锴（2011）指出，人们在用六大感官感知外部世界时相互为用、相互影响，心举（2016）指出拥有了"六大感知"就具备了基本的认识和感受能力。

　　克里希纳（Krishna，2012）总结了感官营销研究的主要成果，构建了感官营销理论框架。她认为消费者的不同感官通过有机体的感受器获得外部世界的体验信息，大脑会基于感知形成基础情绪（grounded emotion）或基础认知（grounded cognition），而进一步引发的外显情绪和认知会影响消费者的态度、学习、记忆和行为。克里希纳（Krishna，2012）解释了这个理论框架中"基础认知"的含义，并指出，许多研究者提到基础认知时会使用"具身认知"这一术语。具身认知（embodied cognition）是指身体在个体认知中发挥了非常重要的作用（Glenberg et al，2013）。与传统认知心理学认为认知过程独立于身体的经典假定完全不同，具身认知理论通过实证研究对"身心二元论"提出诸多挑战，是近年来取得突破性进展的心理学新取向（叶浩生，2010）。具身认知理论的发展已经证实，身体对外界物理世界的感官体验会对个体的认知、态度、情绪、社会判断等有重要影响（彭凯平、喻丰，2012），并认为身体在与物理世界进行物质交换的同时，也通过视觉、听觉、嗅觉、味觉和触觉从外界获取信息，身体过程与心理认知过程是相互渗透的。因此，笔者认为，具身认知理论对第六感即思维认知（知觉）的确定是具有重要意义的。

本书结合感官营销及认知心理学相关理论，最终将服务感知细分为"视觉、听觉、嗅觉、味觉、触觉、知觉"六项。这六种感知，是人认识外界事物的不同途径，其中前五大感官主要感知物质对象，而知觉则主要是感知精神对象。这一观点的提出，对常规的以五大感知为基础的感官营销理论进行了有益的补充和完善。借鉴克里希纳（Krishna，2013）提出的感官营销概念模型，图4-1可以帮助我们更加全面地了解消费者是如何通过五官体验（触觉、视觉、味觉、嗅觉和听觉）影响心理感知（知觉）并进一步指导其行为意向的过程。

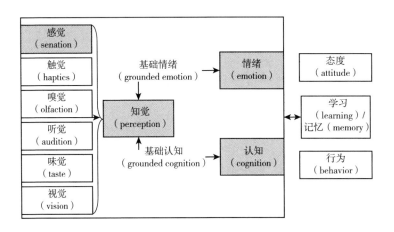

图 4-1　感官营销概念模型

资料来源：Krishna A. Customer sense：How the 5 senses influence buying behavior［M］. New York：Palgrave Macmillan，2013.

二、感知对象——服务交互维度

顾客在接受服务的时候，都经由一些要素形成服务体验，并内生顾客对于服务的认知。格鲁夫和菲斯克（Grove & Fisk，1983）提出了服务剧场的概念,将服务过程比喻成戏剧演出,格鲁夫、菲斯克和比特(Grove,Fisk & Bitter,1992)将其发展为服务剧场模型,该理论认为服务的好坏也就是演出整体效果如何,取决于演员(员工)、观众(顾客)、场景(服务环境与设施等)以及表演(前后台之间动态互动)的结果。该模型高度表现了高度接触服务的基本特征,涵盖了服务互动中的主要因素,但是只强调了观众和演员之间的互动,忽略了其他重要的影响。

为了克服服务剧场概念的不足,贝特森(Bateson,1985)提出了服务接触三元模型,即顾客、与顾客接触的员工以及服务组织,模型指出三者之间通过服务接触产生联系,通过协同合作创造出更大的利益,但模型没有将其余顾客和服务环境等要素考虑在内。格罗鲁斯(Gronroos,1990)提出服务接触的系统模型,该模型在前人研究基础上,向服务组织内部和顾客两方面延伸。而中国学者范秀成(1999)提出扩展的交互服务模型(如图4-2),研究中将服务交互分为7种类型,对于交互过程极大扩展,不仅仅局限在顾客与服务人员的交互,还包括顾客与设备的交互以及顾客之间的交互作用。因此,该模型自提出以来,广受国内外学者的认同。依据此模型,大致可将服务交互主体总结为:员工、系统、环境和顾客四类。

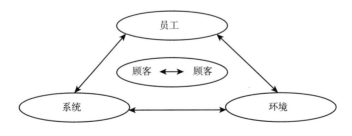

图 4 - 2 服务扩展交互模型

资料来源:范秀成. 服务质量管理:交互过程与交互质量 [J]. 南开管理评论,1999,23(1):8 - 12.

本书充分考虑交互的全面性，在贝特森（Bateson，1985）模型的基础上加入其他顾客和环境的影响，再依据格罗鲁斯（Gronroos，1990）和范秀成（1999）的研究，既考虑服务交互包含服务提供商与接受者之间的人际互动，也考虑其他外部设施设备与服务接受者之间的非人际互动，将顾客的感知对象划分为"人、系统、环境"三个方面，其中"人"不仅包含服务提供者的员工，同时包含其他顾客。但是，鉴于顾客作为服务接受对象在服务感知过程中的特殊地位，本书将其单独作为一个层面展开探讨。因此，本书中服务交互主体最终分为三类：即员工、系统和环境。

三、感知内容——服务过程维度

当顾客采用不同感官对服务进行感知评价时，顾客会感知哪些服务内容？对于服务质量的内容与维度这个问题，学术界并未达成共识，如表 4-1 所示。

表 4-1 服务质量维度

出处	维度	描述
格罗鲁斯 （Gronroos，1982）	技术质量	顾客可以从实际服务中获得什么
	功能质量	顾客怎样获得服务质量
	公司形象	顾客对其公司及形象的评价
海伍德-法梅尔 （Haywood-Farmer，1988）	人员行为	时间、沟通速度、友好性、态度、语音语调、处理问题的能力等
	物理设备设施和过程	位置、规模、设备的可靠性、服务流程、服务能力、流程控制的灵活性等
	专业化的评估	建议、服务信心、服务知识、创新性等

续表

出处	维度	描述
布罗戈维奇 （Brogowicz， 1990）	公司形象质量	公司的形象或口碑声誉
	外部影响者	文化、社会结构、口碑宣传、媒体曝光和竞争者等
	传统营销活动	广告、公共关系、人员推销、销售促进、定价、营销渠道等
莱赫蒂宁和莱赫蒂宁 （Lehtinen & Lehtinen， 1983，1991）	物理质量	使用设备设施的质量水平
	公司质量	公司的形象或口碑声誉
	过程质量	服务人员与顾客直接的相互接触
鲁斯特和奥利弗 （Rust & Oliver， 1994）	技术质量	顾客可以从实际服务中获得什么
	功能质量	顾客怎样获得服务质量
	公司形象	顾客对其公司及形象的评价
	服务环境	顾客可以感受到和接触到的服务氛围等
达布拉 （Dabholkar，1996）	主要维度	环境、可靠性、人际互动、问题解决以及政策等
	次要维度	外观、便利性、承诺、准确、信息及礼仪等
柯宁 （Cronin，2001）	交互质量	服务人员的态度、行为和专业知识
	物理环境质量	发生服务的周围环境建筑设计和社会因素
	结果质量	顾客的等待时间等

对于服务维度而言，研究的早期阶段（20 世纪 80 年代至 90 年代初），学者们大多以结果质量、公司质量和形象三维度为主，例如，格罗鲁斯（Gronroos，1982）以技术质量、功能质量和企业形象为维度，莱赫蒂宁和莱赫蒂宁（Lehtinen & Lehtinen，1983）提出有形质量、交互质量和公司质量三维度模型等。在研究中期阶段（90 年代后期至 2000 年初），学者们将顾客感知服务质量的测量维度放在了过程质量、结果

质量和实体环境三个部分，之前的公司质量（形象）由以上三个部分共同感知，例如，鲁斯特和奥利弗（Rust & Oliver，1994）的服务产品（结果质量）、服务传递（过程质量）与服务环境模型，哈维（Harvey，1996）提出的结果质量、过程质量模型。到了 2000 年后期至今，随着学者们对人员、环境、系统等服务交互对象的不断深入研究，研究模型更加科学，感知服务质量的测量维度更加集中于交互质量、结果质量和实体环境三个方面，例如，范秀成（1999）构建的技术质量和交互质量模型，布雷迪和柯宁（Brady & Cronin，2001）提出的交互质量、实体环境质量和结果质量模型，扬和多诺娜（Yong & Donona，2004）在布雷迪（Brady）的基础上增设了项目质量维度构建了一个四维度模型等。

对于服务过程而言，朗达（Rhonda，2007）等学者在探讨多层级服务顾客满意度中将服务过程划分为三段式：以各种媒介沟通和确认需求、启动服务交易的阶段——进入服务（service-entry stage）；服务结果的核心价值形成过程——作业服务（core service offering stage）；撤离服务现场时提供的各类服务——结束服务（service-exist stage）。

虽然这种服务三阶段的划分在学术上得到了广泛认可，但越来越多的学者和从业者发现，在结束服务之后还存在一种对服务质量影响显著的关键环节——关系维护。在亚娜（Jaana，2002）针对商业关系结束阶段的探究中，将为维持长期交易或承诺而提供的服务、长期服务关系彻底解体阶段提供的各类利益以及恢复已经终结的交易关系而做出的各类努力和提供利益的过程都归为一个阶段——关系维护（dissolution and sleeping stage）。据相关数据统计，一家企业几乎 80% 的利润来自于老客户，而成本方面，老客户维护的成本也远远低于新客户开发的成本。从效益来讲，老客户会将好的服务感受传达给周边 3 个人，坏的服务感受则会传播给至少 10 个人。可见，关系维护对服务企业的影响非常大。

本书在运用服务蓝图的可视化技术对服务提供的整个流程进行剖析的基础上，按照"服务前—服务中—服务后"的全服务流程，以格罗鲁斯（Gronroos，1982）、莱赫蒂宁和莱赫蒂宁（Lehtinen & Lehtinen，1983，1991）研究中的维度划分为主要依据，结合了国内外文献中相关服务阶段的研究，最终将服务阶段划分为三个部分，包括服务前（公司质量）、服务中（过程质量）和服务后（结果质量）。

本章的前三部分分别从服务感知的通道、服务感知的对象和服务感知的内容三个方面进行了阐述，明确了感知服务质量是顾客对客观服务优质与否的主观整体评价，而顾客对服务质量的评价本质上来自对各种感知收集信息的分析判断。因此，我们可以从服务感知的通道、对象和内容这些要素，对感知服务质量进行控制和提升，从而改变消费者的观念和判断，进一步对其行为产生影响。

四、三维服务接触单元技术——方格模型

服务接触一词最早出现于 20 世纪 80 年代初期，它是客户与服务系统之间互动过程中的"真实瞬间"，是影响客户服务感知的直接来源。服务质量很大程度上取决于客户感知，客户感知又以服务接触能力为基础。

相比"服务结果"，"服务过程"的接触更能影响客户满意或质量感知。帕拉休拉曼（Parasuraman，1985）就认为，服务的"功能性品质"比"技术性品质"更重要，因为技术性指传送给客户的是什么（what），而功能性指服务是如何传递给客户的（how），通常可以凭肉眼观察得到，如员工态度、员工行为、员工间关系及服务人员的外表等，有些客户就会倾向根据这些形成对服务质量的判断。因此，服务者往

往会设法提升服务的功能性品质，增加客户接触的良好印象，提升客户的服务感知。客户对于服务的感受，是在与服务提供者接触的瞬间所形成的。由于服务接触过程涉及较多的客户参与和互动，增加了服务提供时的不确定性和运作管理上的难度与复杂性，任一接触环节应对不当，都可能会引起客户的不满，因此，对服务接触过程的服务质量进行监控、测评和改进，已经成为各类服务运作和质量管理的重点与难点。

要想对服务接触进行研究，就应该了解在服务过程中，顾客与员工、系统和环境这三大交互对象分别产生了哪些可能的触点，以及在每一个触点上，顾客利用自身的感官又是如何体验服务的。这样一来，我们就能够通过量表对每一个触点上消费者的六类感知分别进行测量，从而获得顾客对服务进行分解后的每一个触点的所有感知，如果再加上顾客对服务的总体印象分，就可以评判顾客在整个服务中的满意度，同时也能方便找到可以改进服务质量的具体细节之处。

有了前面三部分的研究基础，本部分着重将顾客感知作为接触单元的一个维度展开研究。综合以上提取的三个服务阶段、三个交互对象以及六种服务感知，本部分最终将服务接触单元归纳为 54（3×3×6）个（见图 4−3）。其中服务阶段对应了服务本身的过程要素；交互对象考虑了服务发起后各主导因素的不同作用；顾客感知则又基于服务接受者层面对各类服务感受进行细分。

本部分所提出的三维服务接触单元技术从服务主体层、服务接受层及服务过程要素层三方面实现了对服务维度的细分，既有效缓解服务质量测评指标过于抽象的本质，又避免服务过程中关键要素的遗漏，以全面呈现顾客的真实感知，为通用性服务测评模型的构建提供优化框架，进而使得服务质量的评价更具科学性和合理性。

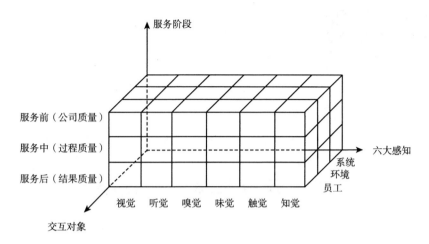

图 4 - 3 三维服务接触单元技术示意

第五章

消费性服务业服务特性萃取

一、消费性服务业概述

格鲁贝尔和沃克尔（Grubel & Walker, 1989）提出如果要理解什么是消费性服务业，只需判定这种服务需求的来源是为了满足个人以及家庭消费者的，这是鉴别消费性服务业最显而易见的方法。黄维兵（2000）指出若产品的大部分价值量数额和使用的价值量数额都用到了生活消费，则该服务产品所属的行业就是消费性服务业。郭世英、王庆和李素兰（2010）认为消费性服务业是用于满足顾客对服务的最终消费需要的服务行业。梁华峰（2014）提出消费性服务业被认为是市场中最终的消费服务，即用于生产生活消费用品的服务企业。消费性服务行业具有产消同时性、不稳定性、多变性、难以预测性、不可储存性和不可运输性的特点。

斯蒂格勒（Stigler, 1956）认为服务行业的划分、分类不存在一个权威的意见。国内外不同的研究学者对于消费性服务行业的划分也不尽一致，如表 5 - 1 所示。

表 5 - 1　　　　　　　　　　　消费性服务业划分

出处	类别
美国商务部经济分析局	餐馆饭店、酒店客栈、各类休息场所、洗衣店、修理店等
马歇尔等（Marshall et al，1988）	零售分销商、公共房屋和酒吧、酒店、旅客运输、学校教育、医疗、宗教等
中国"十一五"规划纲要	零售、餐饮、房地产、旅游、家政服务、食品配送、体育健身、社区卫生等
加拿大就业发展部	零售、住宿、餐饮、信息、文化业等
布劳因和辛格尔曼（Browing & Sin-gelmann，1975）	旅馆业、餐饮业、旅游业、文化娱乐业等
陈秋玲等（2010）	租赁与维修服务、零售业、社区服务业、婚姻服务业、家政服务业、餐饮服务业等

资料来源：笔者根据文献搜集整理。

消费性服务业的划分犹如百家争鸣，正因如此，后来的研究人员才有机会更多地思考这些具有价值的归类。

在关于消费性服务行业服务质量的研究中，具有最重要贡献之一的就是帕拉休拉曼（Parasuraman，1985）基于电话维修、银行零售和保险业这三个消费性服务行业中的五家公司的调查提出的 SERVAQUAL 模型，该模型被广泛地运用于各个服务行业。除此之外还有佩罗和拉斯（Perreault & Russ，1974）基于快递行业的服务质量提出了 7Rs 理论，希登霍维（Hiidenhovi，2001）通过专业技能、疗程信息、服务意识、药物信息、隐私保护和总体治疗成功率等 12 个问题综合评价医疗服务质量。刘媛（2010）基于 SERVPERF 模型和福内尔（Fornell）的逻辑模型，同时吸收 ESCI 模型的创新之处，通过直接测量服务绩效对酒店行业的服务质量进行研究探索。戴安琪（2013）在结合 SERVQUAL 和 BSQ 量表的基础上，提出适合我国银行业的特征和顾客心理特征的维度服务质量要素，包括移情性、响应性、安全性、经济性等，并通过实证分析得出，7 个维度确实是影响我国银行业顾客感知服务质量的重要因素。

本研究依据黄维宾（2000）、郭世英等（2010）和梁华峰（2014）等学者对消费性服务业的定义，同时参考施门纳（Schmenner，1986）根据劳动密集程度和交互定制程度划分的服务业类型，选取了航空、餐饮、零售、旅游、酒店、银行和医疗等 7 个行业进行问卷调查，以保证服务特性萃取结果的科学性和普适性。

二、"六大感知量表"开发

本研究对大量文献进行了阅读与梳理，并结合访谈调查，用 54 个服务接触单元对 7 个行业的测量条款进行了设计，并采用李克特（Likert）的五级量表（1—非常不同意，2—不同意，3——般，4—同意，5—非常同意）对每个条款的重要性程度进行了划分。最终形成了一份 83 个问项的量表，该量表以"六大感知"为通道，以服务人员、服务系统和服务环境为感知对象，以公司质量、过程质量和结果质量为感知维度。

（一）公司质量

公司质量主要聚焦于对公司形象的评价，公司形象即为顾客对公司整体品牌、声誉与口碑的感知（Gronroos，1984）。因此，公司质量的感知主要发生在服务过程开始之前，顾客基于过去的消费经验、信息搜索等渠道对公司整体形象的了解和感知。表 5 - 2 为公司质量的量表设计内容。

表 5 - 2　　　　　　　　　　　公司质量量表设计

服务质量维度	服务交互对象	六大感知	测量题项	测度依据
公司质量	人员系统环境	知觉	1 - 1 该机构口碑良好	博尔丁（Boulding，1993）；赵娟（2010）
			1 - 2 该机构信誉良好	
			1 - 3 该机构拥有良好的品牌形象	

（二）过程质量

过程质量指顾客对其在接受服务过程之中的整体定性评价，其基于顾客如何看待服务生产与服务消费的过程（Lehtinen & Lehtinen，2006；Collier & Bienstock，2006）。过程质量同样通过服务人员、系统以及环境三方面测量，具体问项设计如表 5 - 3 所示。

表 5 - 3　　　　　　　　　　　过程质量量表设计

服务质量维度	服务交互对象	六大感知	题　　项	测度依据
过程质量	人员	视觉	2 - 1 服务人员仪容整洁	PZB（1985）；卡尔曼（Craman，1990）；孔（Kong，1993）；巴巴库斯（Babakus，1994）；普拉蒂巴（Pratibha，1996）；黄福臣（2006）；孔庆民（2008）；赵宇飞（2012）
			2 - 2 服务人员举止得体	
			2 - 3 服务人员对顾客的神情诚恳	
			2 - 4 服务人员作业时操作规范	
		听觉	2 - 5 服务人员口齿清楚	
			2 - 6 服务人员用语规范、文明	
			2 - 7 服务人员声音听起来热情、柔和	

续表

服务质量维度	服务交互对象	六大感知	题　项	测度依据
过程质量	人员	嗅觉	2-8 服务人员身上没有让顾客不舒服的气味	帕拉休拉曼（Parasuraman, 1985）；卡尔曼（Craman, 1990）；孔（Kong, 1993）；巴巴库斯（Babakus, 1994）；普拉蒂巴（Pratibha, 1996）；黄福臣（2006）；孔庆民（2008）；赵宇飞（2012）
		味觉	—	
		触觉	2-9 服务人员不会让顾客受到身体伤害	
		知觉	2-10 服务人员能及时回应顾客的需求	
			2-11 服务人员具备丰富的专业知识和良好的职业技能	
			2-12 服务人员不会让顾客受到身体伤害	
			2-13 服务人员不会让顾客受到财物损失	
			2-14 服务人员让顾客感受到公平对待	
			2-15 服务人员能够准确无误地完成所承诺的服务	
			2-16 服务人员能有效提供建议，帮助顾客避免不必要的付出	
			2-17 服务人员能够对顾客的投诉或抱怨快速做出反应	
			2-18 服务人员能给予顾客个性化的关怀	
			2-19 服务人员能及时纠正服务中出现的偏差	
			2-20 服务人员会了解顾客的实际需要	

续表

服务质量维度	服务交互对象	六大感知	题　项	测度依据
过程质量	系统	视觉	2-21 该机构的设备设施美观	帕拉休拉曼（Parasuraman，1985）；赖克霍尔德（Reichheld，1990）；弗克（Fick，1991）；萨利赫（Saleh，1992）；比特纳（Bitner，1992）；克罗宁（Cronin，1992）；泽丝曼尔（Zeithaml，1993）；菲利普（Philip，1997）；卡林（Călin，2014）；王欣（2005）；黄福臣（2006）；杨丽新（2007）；梁丹（2009）；赵娟（2010）；于丁一（2012）
			2-22 该机构的设备设施先进	
			2-23 该机构的设备设施清洁干净	
			2-24 该机构的设备设施数量充足	
			2-25 该机构为特定人群（老幼残孕等）提供个性化设备设施	
			2-26 该机构提供的价格展示清晰准确	
			2-27 该机构提供的各类信息易见	
			2-28 该机构的设备设施功能齐全	
			2-29 该机构提供的各类信息充分	
		听觉	2-30 该机构能够主动告知所需信息	
		嗅觉	—	
		味觉	2-31 该机构服务过程中提供可口的食物和饮料	
		触觉	2-32 该机构的设备设施使用舒适	
			2-33 该机构的设备设施易用	
		知觉	2-34 该机构的各项服务内容收费公平合理	
			2-35 该机构的服务流程设计合理	
			2-36 该机构的服务流程多样化	
			2-37 该机构的服务流程具有一定的灵活性	
			2-38 该机构的设备设施运行稳定	
			2-39 该机构的设备设施不会造成人身伤害	

续表

服务质量维度	服务交互对象	六大感知	题　项	测度依据
过程质量	系统	知觉	2-40 该机构的设备设施不会造成财产损失	帕拉休拉曼（Parasuraman, 1985）；赖克霍尔德（Reichheld, 1990）；弗克（Fick, 1991）；萨利赫（Saleh, 1992）；比特纳（Bitner, 1992）；克罗宁（Cronin, 1992）；泽丝曼尔（Zeithaml, 1993）；菲利普（Philip, 1997）；卡林（Călin, 2014）；王欣（2005）；黄福臣（2006）；杨丽新（2007）；梁丹（2009）；赵娟（2010）；于丁一（2012）
			2-41 该机构的服务时间是便利的	
			2-42 该机构所提供的各类信息准确	
			2-43 该机构所提供的各类信息及时	
			2-44 该机构的支付方式安全	
			2-45 该机构的支付方式方便	
			2-46 该机构不会泄露隐私	
			2-47 该机构提供的各类信息易懂	
			2-48 该机构各种途径所提供的信息一致	
			2-49 该机构的支付方式多样	
			2-50 该机构与顾客保持长期关系的政策有吸引力	
			2-51 该机构与顾客保持长期关系的方式多样化	
			2-52 该机构能对顾客进行必要的回访	
			2-53 该机构的投诉渠道方便	
			2-54 该机构的投诉渠道多样	
			2-55 该机构处理顾客投诉处理流程简单	
			2-56 该机构对顾客的损失能主动提供补偿	
			2-57 该机构对顾客的损失能公平提供补偿	

续表

服务质量维度	服务交互对象	六大感知	题 项	测度依据
过程质量	环境	视觉	2-58 服务场所营业环境整洁	帕拉休拉曼（Parasuraman,1985）；比特纳（Bitner, 1992）；康（Kwon, 1994）；约翰斯顿（Johnston, 1997）；卡林（Călin, 2014）；简（Jan, 2006）；黄福臣（2006）；孔庆民（2008）
			2-59 服务场所的灯光亮度适中	
			2-60 服务场所的装修风格有吸引力	
			2-61 服务场所的内部陈设有吸引力	
			2-62 服务场所的各类指示标识清晰明确	
			2-63 服务场所的行为告知牌简明易懂（如风险警示，绿色环保等）	
			2-64 服务场所空间布局合理	
			2-65 服务场所不拥挤	
			2-66 其他顾客着装适宜	
			2-67 其他顾客举止得体	
			2-68 其他顾客行为友好	
		听觉	2-69 服务场所的背景声音舒适	
			2-70 服务场所无噪声干扰	
		嗅觉	—	
		味觉	—	
		触觉	—	
		知觉	2-71 服务场所的通风良好	
			2-72 服务场所温度适宜	
			2-73 服务场所湿度适宜	

（三）结果质量

结果质量聚焦于整体服务结束后，顾客对于服务生产/消费过程产生的结果的评价（Lehtinen & Lehtinen，2006）。具体问项如表5-4所示。

表5-4 结果质量量表设计

服务质量维度	服务交互对象	六大感知	题 项	测度依据
结果质量	人员系统环境	知觉	3-1 该机构所提供的服务内容充足丰富	巴巴库斯（Babakus，1992）；王欣（2005）；梁丹（2009）
			3-2 该机构所提供的服务内容具有一定特色	
			3-3 该机构所提供的服务内容实用	
			3-4 该机构所提供的服务内容会不断创新	
			3-5 该机构的各项服务内容收费公平合理	
			3-6 该机构能够提供清晰无误的账单	
			3-7 该机构所提供的最终结果功能符合顾客预期	

（四）深度访谈调研

为更好地萃取消费性服务行业的服务特性，本研究在量表设计完成后就量表对被试进行了一对一的深度访谈。

本研究中的量表访谈的目的有以下三点：（1）完善具体问项的用词和清晰度，以确保问项的准确性和无歧义；（2）挖掘潜在的问项；（3）剔除无法在各消费性行业通用的问项。访谈的流程为：首先，调查员表明此次访谈的目的与主要内容和程序；其次，与被调查者逐一讨论 83 个问项，了解被调对该问项的具体解读、看法与意见；最后，倾听被调对整体量表的态度与意见。

接受访谈的对象有学生、企业员工、教职人员等不同领域的人员，共计 40 人，年龄分布在 18 ~ 45 岁之间，其中，女性占比为 53.2%。考虑到量表在消费性行业的通用性，本次访谈将不具备行业通用的条款进行了剔除，分别是：2 - 7、2 - 17、2 - 19、2 - 23、2 - 31、2 - 39、2 - 41、2 - 53、2 - 59、2 - 63。

三、数据分析方法

本次研究调查使用的分析工具为 SPSS22.0，对采集的数据进行描述性统计分析、信效度分析和探索性因子分析，采用 AMOS22.0 进行一阶模型分析。

（一）描述性统计分析

描述性统计分析是对样本的基础分析。在本次调研中，主要包括对样本人群在性别、年龄、受教育程度、工作单位性质、家庭人均月收入等方面进行的基本统计分析，通过对此进行描述性统计分析，可以详细了解样本人群在各个方面的基本情况。

（二）信度分析

信度（reliability）可以被定义成真实分数（true score）的方差与观

察分数（observed score）的方差比例。李克特量表法中常用的信度检验方法为 Cornbach's α 系数，可靠性越高，量表也就越稳定。换言之，可靠性的含义是估计测量误差的数量，这是实际反映多次测量结果或实际测量结果之间一致性或稳定性的指标之一。如果 Cornbach's α 系数低于 0.5，那么它是不可靠的，并且不适于下一步的分析；如果 Cornbach's α 系数在 0.5 ~ 0.7 之间，则认为可靠性一般，勉强可以进行下一步分析；如果 Cornbach's α 系数大于 0.7，则认为具有高信度，强可靠性。

（三）效度分析和因子分析

有效性包括配置的有效性和内容的有效性。其中，内容的有效性是指测试量表的内容，还包括其条款的有效性和代表性，例如测试内容是否能反映要测量的特征，以及测量的目的是否可以实现，通常以题目分布的合理性来判断。本次研究涉及的效度分析是指建构效度。检验建构效度最常用的方法是因子分析。

在因子分析前，先利用 KMO 测度和巴特球体检验来判定数据是否适合进行因子分析。当巴特球体检验结果显著且 KMO 值在 0.9 以上，表明该数据非常适合进行因子分析；当 KMO 值在 0.8 ~ 0.9 之间，表示很适合；当 KMO 值在 0.7 ~ 0.8 之间，表示较适合；当 KMO 值在 0.6 ~ 0.7 之间，表示基本适合；当 KMO 值在 0.5 ~ 0.6 之间，表示勉强适合；当 KMO 值在 0.5 以下，表示不适合。

（四）AMOS 结构方程模型分析

结构方程模型软件 AMOS（analysis of moment structure），可以进行

验证性因素分析、路径分析、多组比较等多项分析。本研究通过 SPSS 和 AMOS 的综合利用，将对一阶模型中的各个因子的权重以及各个因子权重之下的具体条款（观测变量）的权重进行计算，并利用卡方指数（χ^2）、拟合指数（GFI、AGFI、NFI、IFI 和 CFI）、近似误差的均方根（RMSEA）进行模型适配度的评估。

四、描述性统计分析

本次调查共发放问卷 2100 份，每个行业 300 份，回收 1752 份，有效问卷 1491 份，回收有效率为 83.43%，问卷有效率为 71%，回收情况理想。

本研究对 7 个行业的数据进行综合分析，首先对样本进行描述性统计分析，了解样本人群在性别、年龄、受教育程度、工作单位性质、家庭人均月收入等方面的分布情况。表 5 – 5 为描述性统计分析的结果。

表 5 – 5　　　　　　　　　描述性统计分析

样本特征	分类	频率	百分比（%）
性别（N = 1486）	男	735	49.5
	女	751	50.5
年龄（N = 1488）	25 岁及以下	499	33.5
	26 ~ 35 岁	382	25.7
	36 ~ 45 岁	293	19.7
	46 ~ 55 岁	212	14.2
	55 岁以上	102	6.9

样本特征	分类	频率	百分比（%）
学历（N=1489）	高中以下	226	15.2
	高中或中专	225	15.1
	大专	269	18.1
	本科	674	45.2
	研究生及以上	95	6.4
工作单位及性质 （N=1489）	国有企业	148	9.9
	民营企业	363	24.4
	外资企业	98	6.6
	学校或科研院所	362	24.3
	政府机构	81	5.4
	其他	437	29.4
个人平均月收入 （N=1489）	3000 元及以下	524	35.2
	3001~5000 元	434	29.1
	5001~8000 元	335	22.5
	8001~15000 元	111	7.5
	15000 元以上	85	5.7

从表 5-5 可知，从性别来看，男性、女性分别占被调查者的 49.5%和50.5%，男女比例合理；从年龄来看，各年龄层次的被调查者在样本中均占有一定比例，而25岁及以下和26~35岁人群占的比率最高分别为33.5%和25.7%，年龄分布较为合理；从受教育水平来看，由于调研方式的选择，本科学历占到被调查者的最大比例，为45.2%，其次是大专为18.1%，总体来说较为符合实际情况；从职业来看，除了其他这一项外，占样本比重最高的是民营企业，其次为学校或科研

院所人员，分布与实际调研情况较为符合；从平均月收入来看，月薪3000元及以下的占比最大，为35.2%，其次为3001~5000元的，占比29.1%。

五、信度分析

信度是指测量工具的可靠性。信度的高低是评价一份调查问卷质量的重要指标，它反映了测量工具的稳定性和一致性。信度是效度的基础，没有信度，效度再好也无济于事。

在调查研究中，本研究采用了 Cronbach's α 系数作为测量信度的工具，Cronbach's α 系数值介于 0~1 之间，α 值越高则表示信度越好。如果 $\alpha > 0.9$，则表示量表的信度非常好；如果 $0.9 > \alpha > 0.8$，则表示信度是比较好的；如果 $0.8 > \alpha > 0.7$，则表示该量表可以使用；如果 $\alpha < 0.7$，则量表信度达不到标准，量表不可接受。

各潜变量的测量条款净化方面采用的方法为：利用纠正条款的总相关系数（corrected-item total correlation，CITC）净化测量条款，即对于 CITC 值小于 0.3 且删除该条款后 α 值得到明显提升的予以删除（卢纹岱，2002；高海霞，2003）。

对 83 个问项分公司质量、过程质量和结果质量进行信度分析。

（1）公司质量信度分析结果如表 5-6 和表 5-7 所示。

表 5-6　　　　　　　　　　公司质量信度分析结果

Cronbach's α 值	基于标准化项目的 Cronbach's α 值	条款数目
0.585	0.659	3

表 5 - 7　　　　　　　　　公司质量条款净化分析结果

问项	删除条款后均值	删除条款后方差	纠正项目合计相关性	条款删除后的 Cronbach's α 值
1 - 1 该机构口碑良好	7.6613	3.873	0.402	0.483
1 - 2 该机构信誉良好	7.6546	4.162	0.556	0.382
1 - 3 该机构品牌形象良好	7.6519	2.393	0.364	0.667

由表 5 - 6 和表 5 - 7 可知，公司质量的信度较好，并且 CITC 值整体高于 0.35。不需要删除任何条款以提升公司质量总体的信度结果。

（2）过程质量信度分析结果见表 5 - 8 和表 5 - 9。

表 5 - 8　　　　　　　　　过程质量信度分析结果

Cronbach's α 值	基于标准化项目的 Cronbach's α 值	条款数目
0.953	0.965	59

表 5 - 9　　　　　　　　　过程质量条款净化分析结果

问项	删除条款后均值	删除条款后方差	纠正项目合计相关性	条款删除后的 Cronbach's α 值
2 - 1 服务人员仪容整洁	264.6452	1455.259	0.574	0.952
2 - 2 服务人员举止得体	264.6555	1453.424	0.598	0.952
2 - 11 服务人员具备丰富的专业知识和良好的职业技能	264.7303	1448.885	0.373	0.952
2 - 5 服务人员口齿清楚	264.5889	1451.150	0.299	0.953
2 - 6 服务人员用语规范、文明	264.5676	1456.237	0.397	0.953
2 - 8 服务人员身上没有让顾客不舒服的气味	264.5065	1462.709	0.198	0.953

续表

问项	删除条款后均值	删除条款后方差	纠正项目合计相关性	条款删除后的Cronbach's α 值
2-10 服务人员能及时回应顾客的需求	264.6658	1451.129	0.549	0.952
2-12 服务人员不会让顾客受到身体伤害	264.4379	1456.402	0.519	0.952
2-13 服务人员不会让顾客受到财物损失	264.4619	1453.838	0.541	0.952
2-14 服务人员让顾客感受到公平对待	264.6678	1447.184	0.205	0.952
2-15 服务人员能够准确无误地完成所承诺的服务	264.7261	1445.343	0.240	0.955
2-16 服务人员能有效提供建议，帮助顾客避免不必要的付出	264.8840	1444.192	0.628	0.952
2-20 服务人员会了解顾客的实际需要	264.9238	1446.945	0.636	0.952
2-17 服务人员能够对顾客的投诉或抱怨快速做出反应	264.8655	1442.524	0.425	0.952
2-18 服务人员能给予顾客个性化的关怀	264.9540	1442.750	0.411	0.952
2-35 该机构的服务流程设计合理	264.7577	1449.527	0.632	0.952
2-36 该机构的服务流程多样化	264.8703	1449.219	0.623	0.952

续表

问项	删除条款后均值	删除条款后方差	纠正项目合计相关性	条款删除后的Cronbach's α值
2-37 该机构的服务流程具有一定的灵活性	264.8298	1447.053	0.644	0.952
2-28 该机构的设备设施功能齐全	264.6939	1450.082	0.622	0.952
2-38 该机构的设备设施运行稳定	264.6850	1451.742	0.606	0.952
2-21 该机构的设备设施美观	264.8758	1447.730	0.277	0.957
2-22 该机构的设备设施先进	264.8614	1448.886	0.629	0.952
2-24 该机构的设备设施数量充足	264.8229	1448.294	0.615	0.952
2-25 该机构为特定人群（老幼残孕等）提供个性化设备设施	264.8909	1442.314	0.329	0.953
2-32 该机构的设备设施使用舒适	264.7488	1449.437	0.248	0.952
2-33 该机构的设备设施易用	264.7117	1453.336	0.409	0.952
2-40 该机构的设备设施不会造成财产损失	264.5230	1453.159	0.588	0.952
2-46 该机构不会泄露隐私	264.6314	1446.341	0.348	0.952
2-47 该机构提供的各类信息易懂	264.6829	1450.491	0.633	0.952
2-27 该机构提供的各类信息易见	264.6472	1446.830	0.371	0.953

续表

问项	删除条款后均值	删除条款后方差	纠正项目合计相关性	条款删除后的Cronbach's α值
2-29 该机构所提供的各类信息充分	264.6397	1445.838	0.490	0.952
2-43 该机构所提供的各类信息及时	264.7234	1446.185	0.667	0.951
2-48 该机构各种途径所提供的信息一致	264.6836	1448.987	0.236	0.952
2-30 该机构能够主动告知所需信息	264.8456	1444.971	0.630	0.952
2-26 该机构提供的价格展示清晰准确	264.6568	1446.937	0.384	0.952
2-45 该机构的支付方式方便	264.5854	1453.678	0.289	0.952
2-58 服务场所营业环境整洁	264.6410	1450.623	0.439	0.952
2-69 服务场所的背景声音舒适	264.8284	1451.113	0.611	0.952
2-70 服务场所无噪声干扰	264.8854	1447.999	0.600	0.952
2-71 服务场所的通风良好	264.8085	1450.751	0.597	0.952
2-72 服务场所温度适宜	264.7090	1448.226	0.359	0.953
2-65 服务场所不拥挤	264.9375	1446.587	0.566	0.952
2-73 服务场所湿度适宜	264.8174	1450.799	0.349	0.952
2-60 服务场所的装修风格有吸引力	265.0089	1450.708	0.342	0.952
2-61 服务场所的内部陈设有吸引力	264.9520	1450.073	0.325	0.954

问项	删除条款后均值	删除条款后方差	纠正项目合计相关性	条款删除后的Cronbach's α 值
2-62 服务场所的各类指示标识清晰明确	264.7207	1452.277	0.281	0.954
2-66 其他顾客着装适宜	264.8868	1450.903	0.596	0.952
2-67 其他顾客举止得体	264.8751	1452.052	0.579	0.952
2-68 其他顾客行为友好	264.8037	1451.158	0.603	0.952
2-44 该机构的支付方式安全	264.9588	1440.879	0.681	0.951
2-55 该机构处理顾客投诉处理流程简单	264.8936	1437.393	0.343	0.953
2-54 该机构的支付方式多样	264.9520	1437.435	0.460	0.952
2-57 该机构对顾客的损失能公平提供补偿	264.9128	1434.874	0.486	0.952
2-50 该机构与顾客保持长期关系的政策有吸引力	264.9430	1446.275	0.353	0.953
2-51 该机构与顾客保持长期关系的方式多样化	265.0275	1445.345	0.613	0.952
2-52 该机构能对顾客进行必要的回访	265.1640	1444.847	0.580	0.952

由表5-8和表5-9可知,过程质量的信度分析结果非常高(α > 0.9),说明数据可靠。并且,本研究对CITC值小于0.35且对应的删除后的α系数增高的问项进行了进一步的删除。删除的条款为:2-5、2-8、2-4、2-14、2-15、2-21、2-25、2-32、2-46、2-48、2-45、2-60、2-61、2-62和2-55。

（3）结果质量信度分析结果见表5-10和表5-11。

表5-10 结果质量信度分析结果

Cronbach's α 值	基于标准化项目的 Cronbach's α 值	条款数目
0.737	0.787	7

表5-11 结果质量条款净化分析表

问项	删除条款后均值	删除条款后方差	纠正项目合计相关性	条款删除后的 Cronbach's α 值
3-5 该机构的各项服务内容收费公平合理	21.7145	21.050	0.591	0.685
3-6 该机构能够提供清晰无误的账单	21.6441	21.820	0.523	0.699
3-1 该机构所提供的服务内容充足丰富	21.9256	18.658	0.398	0.732
3-2 该机构所提供的服务内容有特色	21.9060	19.326	0.443	0.710
3-3 该机构所提供的服务内容实用	21.7165	19.812	0.333	0.747
3-4 该机构所提供的服务内容会不断创新	21.9222	21.495	0.564	0.692
3-7 该机构所提供的最终结果功能符合顾客预期	21.8383	21.242	0.611	0.684

由表5-10和表5-11可得，结果质量数据的可靠性高，并且，对于CITC值小于0.35且删除后α系数显著提升的条款"该机构所提供的服务内容实用"进行了删除。

通过以上步骤，公司质量、过程质量和结果质量这三个维度的 α 系数都大于 0.5，其中过程质量和结果质量的 α 系数都在 0.7 以上，说明数据科学，具有很强的可靠性，可以继续做效度分析和因子分析。

六、效度分析

效度是指问卷的有效性，它是指问卷是否有代表性，能否测量其理念构想中所想表达的意义。本研究中的量表来自文献研究，且结合采用深度访谈，因此可认为本问卷具有相当的内容效度。

接下来，分别对公司质量、过程质量以及结果质量做构念效度检验。

（一）公司质量效度分析

本书首先对公司质量中的三个条款进行效度分析，结果显示样本 KMO 值为 0.601（见表 5 - 12），说明该量表可以做因子分析；而 Bartlett 检验统计值的显著性（Sig.）为 0.000，小于 0.01，说明该量表各题项间的相关性较高。

表 5 - 12　　　　　　　　公司质量信度分析

KMO 值	Bartlett 球形检验		
	近似卡方	df	Sig.
0.601	730.204	3	0.000

从表 5 - 13 可以看到，公司质量的因子分析结果的特征值为 1.793，累计解释方差量为 59.778%，累计解释方差约等于 60%，说明因子分析效果较好。

表 5 - 13　　　　　　　公司质量因子分析—解释的总方差

成分	初始特征值			平方载荷提取和		
	总量	方差贡献率（%）	累积贡献率（%）	总量	方差贡献率（%）	累积贡献率（%）
1	1.793	59.778	59.778	1.793	59.778	59.778
2	0.755	25.162	84.940			
3	0.452	15.060	100.000			

注：提取方法是主成分分析法。

公司质量进行因子分析得到一个公因子，本研究将其命名为"声誉性"。因子分析结果如表 5 - 14 所示。

表 5 - 14　　　　　　　公司质量因子分析结果

维度	条　款	成份
		1
公司质量	该机构信誉良好	0.908
	该机构品牌形象良好	0.884
	该机构口碑良好	0.622

（二）过程质量效度分析

对过程质量中的 64 个条款进行效度分析，结果显示样本 KMO 值为 0.967，说明该量表很适合做因子分析；而 Bartlett 检验统计值的显著性（Sig.）为 0.000，小于 0.01，说明该量表各题项间的相关性很高（见表 5 - 15）。

表 5 – 15   过程质量效度分析结果

KMO 值	Bartlett 球形检验		
	近似卡方	df	Sig.
0.962	33247.837	1128	0.000

本研究将因子载荷量低于 0.5 或同时在几个因子上的载荷量相近的条款也进行了剔除，分别为 2 – 33、2 – 40、2 – 47、2 – 27 以及 2 – 57。表 5 – 16 为过程质量的总解释方差分析结果。

表 5 – 16   过程质量因子分析—解释的总方差

成分	初始特征值			平方载荷提取和		
	总量	方差贡献率（%）	累积贡献率（%）	总量	方差贡献率（%）	累积贡献率（%）
1	16.103	33.548	33.548	16.103	33.548	33.548
2	2.119	4.415	37.964	2.119	4.415	37.964
3	1.748	3.643	41.606	1.748	3.643	41.606
4	1.509	3.143	44.749	1.509	3.143	44.749
5	1.444	3.008	47.758	1.444	3.008	47.758
6	1.271	2.648	50.405	1.271	2.648	50.405
7	1.190	2.479	52.884	1.190	2.479	54.884
8	1.136	2.367	57.427	1.136	2.367	57.427
9	1.045	2.176	58.322			
10	0.926	1.930	59.357			
11	0.914	1.905	61.262			
12	0.897	1.868	63.130			
13	0.872	1.818	64.947			

续表

成分	初始特征值			平方载荷提取和		
	总量	方差贡献率（%）	累积贡献率（%）	总量	方差贡献率（%）	累积贡献率（%）
14	0.827	1.724	66.671			
15	0.814	1.696	68.367			
16	0.794	1.655	70.021			
17	0.782	1.629	71.650			
18	0.742	1.546	73.196			
19	0.734	1.530	74.726			
20	0.671	1.398	76.123			
21	0.633	1.320	77.443			
22	0.609	1.268	78.712			
23	0.584	1.218	79.929			
24	0.573	1.193	81.122			
25	0.542	1.129	82.252			
26	0.525	1.093	83.345			
27	0.523	1.090	84.435			
28	0.502	1.045	85.480			
29	0.489	1.018	86.498			
30	0.444	0.925	87.423			
31	0.436	0.908	88.330			
32	0.424	0.883	89.213			
33	0.414	0.863	90.076			

成分	初始特征值			平方载荷提取和		
	总量	方差贡献率（%）	累积贡献率（%）	总量	方差贡献率（%）	累积贡献率（%）
34	0.402	0.837	90.913			
35	0.391	0.814	91.727			
36	0.381	0.794	92.520			
37	0.362	0.755	93.275			
38	0.359	0.748	94.023			
39	0.352	0.734	94.757			
40	0.336	0.701	95.458			
41	0.317	0.660	96.118			
42	0.315	0.656	96.774			
43	0.296	0.617	97.391			
44	0.288	0.599	97.990			
45	0.277	0.577	98.567			
46	0.259	0.540	99.107			
47	0.226	0.470	99.577			
48	0.203	0.423	100.000			

注：提取方法是主成分分析法。

过程质量进行因子分析得到 8 个公因子，本研究将他们命名为 2 -"可靠性"、3 -"保证性"、4 -"舒适性"、5 -"沟通性"、6 -"友好性"、7 -"移情性"、8 -"补偿性"、9 -"安全性"。过程质量因子分析结果如表 5 - 17 所示。

表5-17

过程质量因子分析结果

维度	条款	成分							
		2	3	4	5	6	7	8	9
过程质量	该机构的设备设施运行稳定	0.690	0.208	0.188	0.180	0.109	0.039	0.014	0.135
	该机构的设备设施功能齐全	0.687	0.242	0.154	0.187	0.116	0.070	0.096	0.068
	该机构的服务流程具有一定的灵活性	0.651	0.129	0.147	0.177	0.174	0.243	0.210	0.059
	该机构的设备设施先进	0.647	0.180	0.210	0.115	0.121	0.140	0.209	0.027
	该机构的设备设施清洁干净	0.605	0.271	0.267	0.165	0.112	0.049	-0.032	0.165
	该机构的设备设施数量充足	0.603	0.142	0.261	0.190	0.079	0.146	0.142	0.056
	该机构的服务流程多样化	0.597	0.165	0.146	0.226	0.118	0.232	0.218	0.006
	该机构的服务流程设计合理	0.566	0.263	0.125	0.201	0.154	0.207	0.162	0.051
	服务人员不会让顾客受到身体伤害	0.174	0.733	0.163	0.087	0.007	0.132	-0.053	0.166
	服务人员不会让顾客受到财产损失	0.163	0.710	0.087	0.119	0.100	0.193	-0.053	0.209
	服务人员具有丰富的专业知识和良好的职业技能	0.201	0.668	0.149	0.082	0.092	0.234	0.126	-0.018
	服务人员仪容整洁	0.203	0.662	0.178	0.162	0.143	-0.021	0.181	-0.016
	服务人员举止得体	0.230	0.646	0.170	0.183	0.166	0.036	0.154	-0.029
	服务人员能及时回应顾客的需求	0.153	0.571	0.138	0.153	0.090	0.271	0.147	-0.028
	服务人员让顾客感受到公平对待	0.194	0.547	0.108	0.153	0.164	0.378	0.065	0.144

续表

维度	条款	2	3	4	5	6	7	8	9
过程质量	服务场所的通风良好	0.273	0.127	0.701	0.138	0.129	0.109	0.102	0.092
	服务场所无噪声干扰	0.210	0.096	0.676	0.185	0.180	0.224	0.113	0.012
	服务场所湿度适宜	0.189	0.130	0.652	0.208	0.242	0.082	0.068	0.142
	服务场所背景音声舒适	0.232	0.224	0.625	0.147	0.212	0.106	0.125	0.027
	服务场所不拥挤	0.181	0.066	0.576	0.150	0.267	0.230	0.107	0.112
	服务场所温度适宜	0.058	0.117	0.570	0.034	0.011	0.017	0.036	0.058
	服务场所营业环境整洁	0.150	0.279	0.535	0.096	0.085	0.020	0.049	0.053
	该机构多种途径所提供的信息一致	0.272	0.250	0.213	0.660	0.079	0.088	0.175	0.011
	该机构能够主动告知所需信息	0.211	0.219	0.170	0.632	0.130	0.151	0.277	0.008
	该机构所提供的各类信息充分	0.253	0.245	0.246	0.623	0.068	0.132	0.199	0.003
	该机构提供的价格展示清晰准确	0.136	0.027	0.064	0.601	0.077	0.109	-0.010	0.182
	该机构所提供的各类信息及时	0.300	0.261	0.229	0.569	0.091	0.140	0.213	0.031
	该机构能够提供准确的凭证	0.304	0.200	0.201	0.540	0.060	0.179	0.012	0.293
	其他顾客举止得体	0.192	0.189	0.288	0.097	0.789	0.098	0.132	0.017
	其他顾客着装适宜	0.210	0.168	0.250	0.117	0.772	0.121	0.141	0.074

续表

维度	条款	成分							
		2	3	4	5	6	7	8	9
	其他顾客行为友好	0.204	0.200	0.290	0.148	0.739	0.107	0.115	0.064
	服务人员能够对顾客的投诉或抱怨快速做出反应	0.195	0.100	0.102	0.084	0.076	0.641	0.008	0.125
	服务人员能够有效解决顾客的投诉抱怨	−0.067	0.139	0.119	0.191	0.031	0.556	0.071	0.010
	服务人员会了解顾客的实际需要	0.340	0.317	0.152	0.135	0.103	0.553	0.202	−0.004
	服务人员能有效提供建议，帮助顾客避免不必要的付出	0.276	0.373	0.192	0.174	0.057	0.529	0.128	0.013
	服务人员能给予顾客个性化关怀	0.246	0.142	0.046	0.010	0.091	0.508	0.171	−0.022
过程质量	该机构与顾客保持长期关系的方式多样化	0.230	0.148	0.169	0.251	0.192	0.180	0.673	0.012
	该机构能对顾客进行必要的回访	0.232	0.089	0.176	0.218	0.188	0.237	0.652	−0.062
	该机构与顾客保持长期关系的政策有吸引力	0.164	0.092	0.027	0.041	0.058	0.017	0.608	0.289
	该机构对顾客的损失能主动提供补偿	0.070	0.073	0.187	0.120	0.009	0.166	0.545	0.380
	该机构的支付方式安全	0.022	0.087	0.124	−0.042	−0.099	−0.049	0.252	0.712
	该机构的支付方式方便	0.148	0.067	0.066	0.357	0.244	0.077	−0.078	0.535
	该机构的支付方式多样	0.263	0.103	0.176	0.318	0.284	0.142	0.090	0.502

（三） 结果质量效度分析

笔者首先对结果质量中的 6 个条款进行了效度分析，结果（见表 5 - 18）显示样本 KMO 值为 0.836，说明该量表可以接受做因子分析；而 Bartlett 检验统计值的显著性（Sig.）为 0.000，小于 0.01，说明该量表各题项间的相关性很高。

表 5 - 18　　　　　　　　　结果质量效度分析

KMO 值	Bartlett 球形检验		
	近似卡方	df	Sig.
0.816	2363.690	15	0.000

从表 5 - 19 可以看到，结果质量的因子分析结果的特征值为 2.953，累计解释方差量为 49.216%，累计解释方差约等于 50%，说明因子分析效果尚可。

表 5 - 19　　　　　　　结果质量因子分析—解释的总方差

成分	初始特征值			平方载荷提取和		
	总量	方差贡献率（%）	累积贡献率（%）	总量	方差贡献率（%）	累积贡献率（%）
1	2.953	49.216	49.216	2.953	49.216	49.216
2	0.830	13.826	63.042			
3	0.708	11.795	74.837			
4	0.681	11.348	86.185			
5	0.451	7.509	93.694			
6	0.378	6.306	100.000			

注：提取方法为主成分分析法。

结果质量共萃取出 1 个公因子，本研究将其命名为"有效性"，具体因子分析结果如表 5 - 20 所示。

表 5 - 20　　　　　　　　　过程质量因子分析结果

维度	条　　款	成分
		10
结果质量	该机构的各项服务内容收费公平合理	0.781
	该机构所提供的服务结果符合顾客的预期	0.775
	该机构所提供的服务内容会不断创新	0.724
	该机构能够提供清晰无误的账单	0.722
	该机构所提供的内容有特色	0.611
	该机构所提供的服务内容充足丰富	0.568

（四）因子解释

由以上分析可知，公司质量维度下旋转出 1 个公因子，命名为声誉性；过程质量维度下旋转出 8 个公因子，分别命名为可靠性、保证性、舒适性、沟通性、友好性、移情性、补偿性和安全性；结果质量维度下旋转出 1 个公因子，命名为有效性，具体阐述如表 5 - 21 所示。

表 5 - 21　　　　　　　　　服务特性命名以及特性阐述

服务质量维度	服务特性	特性阐述
公司质量	声誉性	服务企业获得顾客以及社会认可的能力，包括服务企业的口碑、信誉以及品牌形象
过程质量	可靠性	服务企业服务系统（设备实施等）的可靠，包括设备设施功能齐全、运行稳定、数量充足、清洁干净等

续表

服务质量维度	服务特性	特性阐述
过程质量	保证性	服务企业中服务人员的专业知识技能以及相关举止态度的保证,包括人员的仪容仪表、行为举止、响应顾客需求等
	舒适性	服务场所的舒适程度,包括营业环境的整洁、灯光、通风与温度湿度的适宜以及背景音乐、空间布局的合理
	沟通性	服务企业提供给顾客的相关服务信息,包括各类充分的信息、主动告知信息、及时提供信息
	友好性	顾客在服务企业中对其他顾客的感知,包括其他顾客的行为举止、着装等
	移情性	服务企业能站在顾客立场考虑,设身处地为顾客着想,包括提供个性化的关怀,服务人员为顾客提供有效的建议等
	补偿性	服务企业对顾客损失的补偿以及与顾客保持长期关系的行为,包括主动对损失提供补偿,进行必要的回访,保持长期关系方式多样等
	安全性	顾客在服务过程中的财产安全等,包括支付方式的安全、方便等
结果质量	有效性	顾客在服务结束时对服务结果感知的是否有效,包括服务内容是否创新、充足丰富,收费是否公平合理等

七、运用 AMOS 进行一阶模型分析

(一) 结构方程模型基本要求

本部分利用结构方程模型(structural equation modeling,SEM)分析

各个条款（观测变量）与其对应的服务特性（潜在变量）之间的关系与路径系数，针对 10 个服务特性以及其下的条款进行分析，即一阶模型分析、验证；并结合一阶模型分析得出来的各个服务特性及其具体条款的标准化系数比较各消费性服务行业在服务特性上的异同，分析将采用 AMOS24.0 软件。

本研究中的数据采集采用了实地调查走访和网络平台问卷两种方式，基本符合简单随机抽样的原则；问卷筛选方面，在问卷收回后，对无效问卷进行了剔除，以保证问卷的有效性；样本数量方面，舒马克和洛马斯克（Shumacker & Lomax, 1996）指出在大部分的 SEM 研究中，样本数都在 200~500 之间，本研究中样本数量为 1491，远远大于 SEM 分析对于数据量的要求；在数据要求方面，对于收集的数据，在数据描述中已进行了正态性分布的检验，数据均符合正态分布。因此，本研究中的数据符合黄芳铭（2005）提出的对于 SEM 分析中的数据样本量、数据采集方式、数据分布等要求。

经过以上分析可以发现，本研究的数据完全符合 SEM 研究的五项基本假定。

（二）模型适配度指标

本研究应用了卡方指数（χ^2）、拟合指数（GFI、AGFI、NFI、IFI 和 CFI）、近似误差的均方根（RMSEA）进行模型适配度的评估。其中，本研究中的评价采用 χ^2/df 指标，并以不超过 5 作为指标，在此范围内认为模型是可以接受的；拟合指数 GFI、NFI、IFI、CFI 的值均要超过 0.90，才可表示模型拟合良好（Bagozzi & Yi, 1988；Bollen, 1989；Hair, Anderson, Tatham, et al, 1998）；对于 RMSEA 值小于 0.05 表示理论模型可以接受，并认为是"良好适配"；该值为 0.05~0.08 时被认为是"可算作不错的适配"（Browne & Mels, 1990; Steiger, 1989; Browne & Cud-eck, 1993）；该值为 0.08 ~ 0.10 时是"中度适配"；该值为大于 0.10 则表示"不良适配"（黄芳铭，2005）。

模型的适配度指标数值范围及理想数值归纳如表 5 - 22 所示。

表 5 - 22　　　　　　　　　最佳适配度判断指标

指标	数值范围	理想的数值
χ^2/df	0 以上	小于 5，小于 3 则更佳
GFI	0 ~ 1 之间，但可能出现负值	大于 0.9
AGFI	0 ~ 1 之间，但可能出现负值	大于 0.9
NFI	0 ~ 1 之间	大于 0.9
IFI	0 以上，大多在 0 ~ 1 之间	大于 0.9
CFI	0 ~ 1 之间	大于 0.9
RMSEA	0 以上	小于 0.10，小于 0.05 则更佳

（三）六行业顾客感知服务质量一阶模型分析

本书采用 AMOS 进行一阶模型的计算与分析，由于医疗行业的数据在 AMOS 中的分析结果不理想，故本研究将只对其他 6 个行业的结果进行解释和分析。

1. 餐饮行业

根据餐饮行业的数据，本书得出如图 5 - 1 所示的餐饮业一阶模型及其服务特性的路径系数。

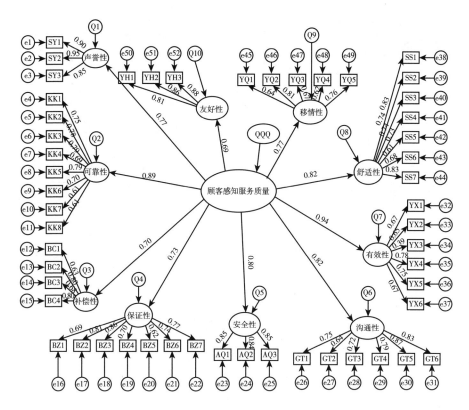

图5-1 餐饮行业路径系数

由图5-1可知，消费者对于餐饮业的有效性、可靠性、舒适性以及沟通性较为重视，顾客们希望光顾的餐馆不仅可以为他们提供具有一定特色的餐饮服务，还渴望餐馆可以为特定人群（老幼病残）提供个性化的设备设施，比如儿童座椅、孕妇就餐区域等。相反，在餐饮业中，顾客对于其他消费者的感知（友好性）则一般，例如其他顾客的着装和言行举止等。

2. 航空行业

根据航空行业的数据，本书得出如图5-2所示的航空业一阶模型及其服务特性的路径系数。

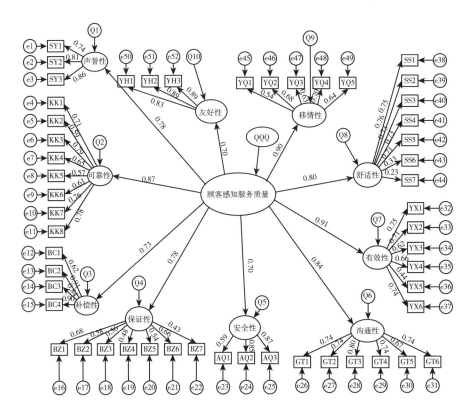

图 5 - 2 航空行业路径系数

由图 5 - 2 可知，消费者在接受航空服务时，十分看重对有效性、移情性和可靠性的感知。他们一方面希望获得符合自身预期的最终服务结果；另一方面希望得到空乘服务人员个性化的关怀服务，比如能对顾客的投诉或抱怨快速做出反应和为乘客提供有效的建议，避免不必要的付出。

3. 酒店行业

根据酒店行业的数据，本书得出如图 5 - 3 所示的酒店业一阶模型及其服务特性的路径系数。

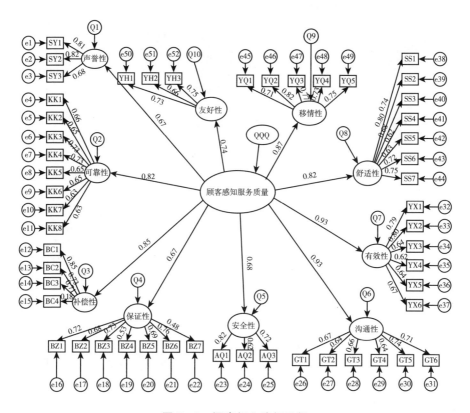

图5-3 酒店行业路径系数

对于酒店行业而言，经营者们可以从沟通性、有效性和移情性等方面出发提升顾客的感知服务质量。酒店可以主动并及时地告知顾客各方面的服务信息，比如行程时间帮助服务和旅行规划服务等。此外，酒店需要能站在顾客的立场考虑，设身处地为顾客着想等，比如根据个性化需求，安排高性价比住宿房间等。相较于以上服务特性，保证性在酒店业中的重要性程度相对较低。因此，酒店可以将更多的资源倾斜至着力提升沟通性、有效性和移情性。

4. 零售业

根据零售行业的数据，本书得出如图5-4所示的零售业一阶模型及其服务特性的路径系数。

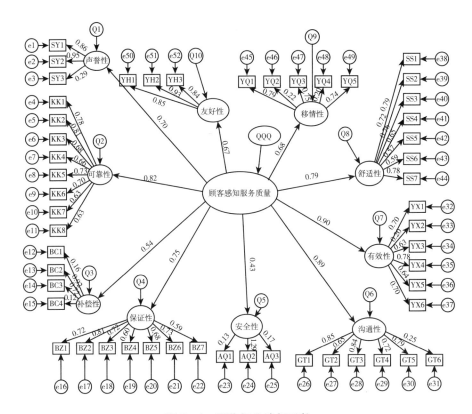

图 5 - 4 零售行业路径系数

与酒店行业相比,零售行业的消费者也重视沟通性和服务的有效性。因此,零售店可以在为顾客提供清晰、充分、准确的零售信息和充足创新的零售服务上努力,以优化服务质量。相较于沟通性和有效性,顾客在接受零售服务时对补偿性的重视相对较弱,即对于零售服务企业是否能与他们保持长期关系或者进行回访等方面的感知较一般。

5. 旅游业

根据旅游行业的数据,本书得出如图 5 - 5 所示的旅游业一阶模型及其服务特性的路径系数。

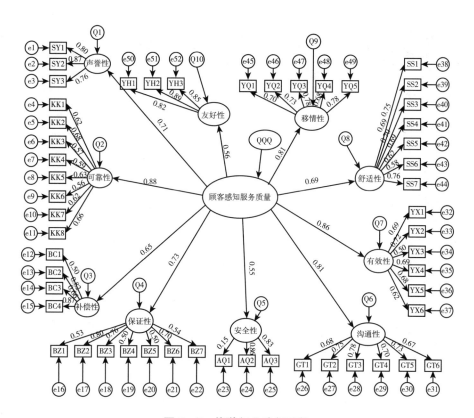

图 5-5 旅游行业路径系数

相比酒店和零售等行业，旅游业的服务可靠性最为重要。其表现在旅游服务提供者的设备设施、服务系统等是可靠的。比如，在旅游观光时，游览车的数量充足、清洁干净和运行稳定等都会对可靠性的感知产生影响。其次，有效性、移情性和沟通性在旅游业的服务质量中也扮演着重要的角色。顾客希望能得到个性化的旅游指导与关怀，同时，也希望能及时获得最新的充足的旅行资讯。

6. 银行业

根据银行业的数据，本书得出如图 5-6 所示的银行业一阶模型及其服务特性的路径系数。

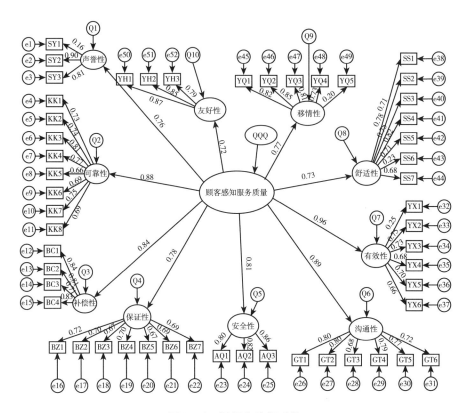

图 5-6 银行业路径系数

与旅游业相似,银行业需要重视有效性、沟通性和可靠性这三个方面。为提升服务质量,银行在确保其他特性稳定的情况下,更加注重以上三个方面的管理和控制。各商业银行应根据自身的实际情况,把握关键因素。例如,结合目前的数字化功能手段、机器学习和人工智能等方法优化银行的服务效率,为不同的服务需求提供合理相关的信息,实打实地做到存可靠、贷可取、信用可监管等。

(四) 六行业综合分析

对 6 个行业的路径系数进行整理,结果如表 5-23 所示。由路径系数可以看到：（1）结果质量的有效性在各行业所占权重均较高。除了旅游业，有效性这一服务特性在其他 5 个行业中的重要性较于其他 9 个服务特性都是最高的。（2）在不同的行业，特性的重要性差异很大。在餐饮业中，可靠性、舒适性和沟通性比较重要；在航空业中，移情性和可靠性相对比较重要；在酒店业中，沟通性、移情性和补偿性十分重要；在零售业中，沟通性和可靠性比较重要；在旅游业中，沟通性则是最重要的。（3）由声誉性的权重可以看到，在消费性服务业中，公司质量的重要性要弱于消费者在消费过程中的体验。

表 5 - 23 各行业服务特性权重

服务质量维度	服务特性	行业					
		餐饮业	航空业	酒店业	零售业	旅游业	银行业
公司质量	声誉性	0.097	0.097	0.084	0.098	0.097	0.093
过程质量	可靠性	0.112	0.109	0.103	0.114	0.120	0.108
	保证性	0.092	0.097	0.084	0.105	0.099	0.096
	舒适性	0.103	0.100	0.103	0.110	0.094	0.090
	沟通性	0.103	0.105	0.117	0.124	0.124	0.109
	友好性	0.087	0.087	0.093	0.093	0.076	0.088
	移情性	0.097	0.112	0.109	0.095	0.110	0.095
	补偿性	0.088	0.091	0.107	0.075	0.088	0.103
	安全性	0.101	0.087	0.085	0.060	0.075	0.100
结果质量	有效性	0.119	0.114	0.117	0.126	0.117	0.118

八、研究结论及小结

本研究从"六大感知"出发，拓展 SERVQUAL 的测量范围，形成涵盖公司质量、过程质量和结果质量全流程的测量模型，针对消费性服务业形成包含83个问项的量表。以餐饮、酒店、航空、零售、旅游和银行等6个行业进行调查，将问项优化至68项并萃取出10项服务特性。在对6个行业分别进行结构方程分析的基础上可以得到如下结论：

（1）服务特性的测量模型更全面。相较于帕拉休拉曼等（PZB，1985）的SERVQUAL模型的5个服务特性仅侧重服务的过程质量，本书所萃取的特性涵盖公司质量、过程质量和结果质量，充分考虑了消费者体验及消费的全流程。

（2）针对消费性服务业，结果质量的测量不容忽视。从服务特性的萃取结果来看，在6个行业中结果质量权重均较高。因此，在注重消费过程体验的同时，必须加强对服务结果的质量控制。

（3）不同行业的服务质量提升策略应多样化。从AMOS的分析结果可见，在不同的行业中，不同服务特性的权重差异较大，因此在提高感知服务时需关注行业特点，才能有效提升消费者感知体验。

第六章

生产性服务业服务特性萃取

一、生产性服务业概述

（一）生产性服务业的概念提出

1966 年，美国经济学家 H. 格林菲尔德在研究服务业及其分类时，最早提出了生产性服务业（producer services）的概念。之后，不少学者分别提出了对生产性服务业的不同界定（Browning & Singelman，1975；Hubbard & Nutter，1982；Daniels，1985；Howells & Green，1986 等）。这些学者对于生产性服务业的认知可以从服务活动和服务功能两个视角来进行界定。

（1）综合学者和机构对生产性服务业的活动梳理，生产性服务业主要包括：研发设计与其他技术服务，货物运输、仓储和邮政快递服务，信息服务，金融服务，节能与环保服务，生产性租赁服务，商务贸易服务，法律服务、人力资源管理与培训服务，批发经纪代理服务，等等。

（2）从服务功能的视角，生产性服务业是一种中间投入，本身并不向消费者提供直接的、独立的服务效用，这种中间投入可以促进生产专业化发展，提升整个生产的效率。因此，生产服务业是与制造业直接相关的辅助配套服务业，又是从制造业内部生产服务部门独立发展起来的新兴产业。

（二）生产性服务业的作用

生产性服务业作为制造业与服务业协同发展的融合产业，通过深度融合，推动制造业的信息化、服务化和智能化的改造和转型升级。《中国制造 2025》行动纲领明确提出，"要加快制造业与服务业的协同发展，促进生产型制造逐步向服务型制造转变，加大与制造业紧密相关的生产性服务业的发展力度。"由此可以看到，生产性服务业对推动整个社会生产效率具有重要的作用。主要的作用体现在以下三个方面：

1. 生产性服务业有利于我国整体产业结构的优化升级

在我国经济发展中，一直以来生产性服务业的各个门类相对薄弱，表现为服务业整体竞争力低下和结构非优化。有学者通过理论推导结合实证研究的方法对生产性服务业对整体产业结构的作用进行了深入探讨。温雪华（2018）通过计量模型，采用山东省的生产性服务业数据，发现传统生产性服务业和现代生产性服务业均在推动制造业升级上具有积极的作用。潘晶晶（2018）从国内价值链的现状出发，通过定量的分析方法，从产业层面和地区层面两个角度分析生产性服务业在促进国内价值链升级方面的作用。研究认为从产业角度来说，生产性服务业对国内价值链升级的促进作用表现在促进制造业价值链的攀升。从地区角度来说，生产性服务业促进地区在国内价值链中的参与能力与参与程度的提升，提高了地区在国内价值链的嵌入水平，进而促进国内产业价值链升级。因此，生产性服务业投入效率的提高将改变经济增长对高投资和高资本积累依赖的局面，增加人力资本积累，从而有益于改变投资率畸高、消费率偏低的不良发展现象，促进经济增长由主要依靠投资和出口拉动向消费需求为主导方向转变。

2. 有利于提高我国参与国际分工的地位，提升国际竞争力，获取更多的比较利益

国际分工深度和广度的日益提高，有利于我国在经济全球化过程中获取优势。根据德勤公司 2014 年《基于全球服务业和零件管理调研》结果，在受访的全球 80 家制造业公司中，服务收入占总销售收入比重的平均值为 26%，服务净利润贡献率的平均值达到 46%，有 19% 的制造业公司的服务收入超过总收入的 50%。而我国装备制造企业服务化水平较低，服务活动带来的经济效益不显著，在参与调查的企业中，78%的企业服务收入占总营业收入比重不足 10%，只有 6% 的企业服务收入占总营收比超过 20%，就净利润而言，81% 的企业服务净利润贡献率不足 10%，其余企业净利润贡献率基本在 10% ~ 20%[①]。从这些数据可以看到，与发达国家相比，我国的生产性服务业的利用效率相对偏低；同时，生产性服务业的结构也相对低端，因此在国际竞争中存在一定劣势。发达国家的跨国公司凭借其先进的生产性服务业，特别是高水平的研发和市场营销能力，仍然控制着大部分全球生产网络和价值链。我国应进一步提升生产性服务业水平，推动我国参与国际竞争战略从单纯依靠廉价劳动力向发挥人力资源综合优势和培育人力资本的模式转变，逐步进入国际产业链的中高端环节，从而能够在参与国际分工和交换中获得更大的利益。

---

① 李燕. 我国服务型制造发展路径分析［EB/OL］. http：//www. ccidwise. com/plus/view. php?aid = 7660.

3. 有利于增强自主创新能力，推动"中国制造"的转型

生产性服务业的发展和创新对我国增强自主创新能力、建设创新型国家尤其具有关键意义。张欣怡（2018）基于投入产出理论构建指标研究生产性服务业对高端制造业的影响，从消耗系数、关联系数、出口促进系数做了深入研究。研究发现，从消耗系数角度看，生产性服务业作为中间产品投入的作用在增强，且需求程度不断加深；从关联系数看，对高端制造业与生产性服务业的关联系数研究发现，两产业前向关联度、中间需求敏感度均高于行业平均水平；对出口促进系数的研究发现，本国内生产性服务业的投入能够促进高端制造业的出口。现代生产性服务业包括了研发、产品设计、品牌策划、市场营销、现代金融服务、专业服务、现代物流和供应链管理等，是企业提升自主创新能力的保障，也是推动我国制造业转型升级的关键。

二、生产性服务业的发展

在发达国家，有一条"两个70%"的经济规律，即服务业增加值占 GDP 的 70%，生产性服务业占服务业增加值的 70%。我国生产性服务业呈现出以下几个特点。

（一）我国生产性服务业保持良好的发展态势，但与其他国家仍有明显距离

我国正处于工业化中后期加速发展阶段，自 21 世纪以来，我国生产性服务业发展态势良好，一直保持着较好的增长趋势。2004～2015

年，生产性服务业增加值由 30494.8 亿元飞升至 177178.6 亿元[①]，年增
长率均在 10% 以上，占 GDP 的比重均在 20% 左右，生产性服务业呈现
出较为稳健的发展势头。2013 年服务业比重首次超过制造业，2017 年
生产性服务业增加值达到 24.2 万亿元，比 2016 年增长 8.8%；[②] 近年来
一直维持年均增长率 8.2%。国家统计局发布数据显示，2021 年服务业
增加值占国内生产总值比重为 53.3%。

从上述数据不难看出，我国的服务业虽然得到了一定的发展，但与
"两个 70%" 仍存在较大差距。

（二）生产性服务业发展结构日趋改善

中国生产性服务业在保持较快发展速度的同时，批发零售、住宿
餐饮等相对低端的服务业中间需求率一直较高，其内部结构也有所改
善（梁婧，2017），物流、金融、信息服务等基础型生产性服务业的
带动作用明显，商务服务业、科研服务业等新兴服务业和新兴业态层
出不穷，有效提升了生产性服务业对制造业乃至整个经济的支撑
能力。

（三）生产性服务业与制造业的融合发展有待加强

2006 年之后随着制造业占比的降低，制造业对生产性服务业的中间
需求占比有所降低，但仍超过 30%。一直到 2015 年，我国服务业在国

---

① 张欣怡. 生产性服务业对高端制造业及其出口的影响研究 [D]. 青岛：青岛大学，
2018.
② 2019 年中国生产服务业行业现状调研与发展机遇分析报告 [EB/OL]. http://www.
chinaiern.com/aboutus/bzdt/246.shtml.

民经济中占比才超过50%，2019年达到53.9%。① 我国制造业对生产性服务业的利用程度偏低，这一方面与生产性服务业本身发展水平不足有关，但可能更重要的是制造业本身处于中低端水平，对先进生产性服务业的有效需求不高；另一方面，我国制造业利用的生产性服务业结构相对低端，但已表现出优化趋势。

（四）生产性服务业质量亟待提高

相对于实物产品，服务具有无形性、不可存储性、过程交互性等质量特性，往往很难找到科学、量化的技术指标对服务质量进行测量评价。因为顾客直接参与服务的产生、传递与消费过程，是服务质量优劣的最终评判者，从顾客感知角度评价服务质量是国内外的通行做法。目前，我国产品质量虽然建立了较为完善的"国抽""地抽"等质量监管体系，但服务质量缺乏宏观的统计、监测指标体系。虽然具体到每种服务业的认证标准和认证方法繁多，但由于缺乏通用性的、社会和顾客信任度高的服务质量认证标准和方法，导致这些认证难以有效地获得社会和管理效益，不利于服务行业质量监管和提升，不能满足服务业大发展的总体要求。

三、生产性服务业服务质量研究现状

（一）生产性服务业与消费性服务业的差异

一直以来，在服务质量相关领域的研究，多集中在消费性服务业，

① 决胜全面建成小康社会取得决定性成就［EB/OL］. http：//opinion. people. cn/n1/2020/1031/c1003-31913590. html.

例如交通运输、酒店餐饮、教育、旅游、银行、航空等服务行业，研究多采用帕拉休拉曼等（PZB，1985，1988）提出并改进的 SERVQUAL 量表，可以说该量表在测量消费性服务业上具有绝对的权威。学术界针对消费性服务行业服务特性的研究非常丰富，但对生产性服务企业服务特性的研究近年来才刚刚开始，且基于消费者感知度方向的研究更为欠缺。

也有学者将 SERVQUAL 运用于 B to B 商业模式，但是消费性服务业与生产性服务业有很大的差异，例如，客户和服务提供商之间的高度信息不对称；服务的高无形性和定制性与高知识密集性结合；低资本密集型和高专业化劳动力结合。除了上述特点还包括：

（1）服务对象相对固定。企业在进行服务选择前，已由专业人员对服务市场现状、服务产品性能等相关要素进行分析，服务选择结果通常具有科学性。加之，服务交易双方关系紧密长久，忠诚度高，因此服务对象一般相对固定。

（2）服务交易量大。企业拥有巨大的资金量，在服务交易中往往会购买较大批量的服务，以满足企业内部人员需求与企业整体运作。

（3）服务产品标准化、数据化。B to B 服务交易量大，企业受利益的单方面驱动对个性化需求减弱。采用标准化与数据化的服务产品有利于保证所提供的服务达到预期目标，更具有服务黏性。

（4）服务对象相对理性，受利益驱动。一方面，企业之间服务交易量大，对服务质量以及实效性要求较高。另一方面，企业出于盈利的本质，更多地将服务作为其战略合作的一部分，在服务选择与服务评价方面更多地受利益的单方面驱动。

因此，在衡量生产性服务业的服务质量时，不能照搬消费性服务业的工具。虽然关于生产性服务业的服务感知质量的研究较消费性服务业少很多，但是有部分学者也做了一些探索，并且大多数生产性服务业的服务质量研究也站在顾客的视角，但在生产性服务质量评价的过程中却没能给予顾客最直观感知的项目，对顾客感知的测度也不够充分和细致。

（二）生产性服务质量的研究现状

生产性服务业服务质量的主要研究开始于 2004 年，范代尔和杰梅尔（Vandaele & Gemmel，2004）从 SERVQUAL 量表入手实证研究了适合 B to B 的服务质量特性维度，包括八个维度，即可靠性、响应性、进入性、市场影响力、风险扩散、人际技巧、产品提供、信用技术支持。

沃亚和恩纽（Wooa & Ennew，2005）从服务双方互动关系的视角提出存在六个维度，即产品和服务交换、信息交换、财务交换、社会交换、合作以及适应（见图 6-1），其中前四个是基础，后面两个是长期关系维护的维度。

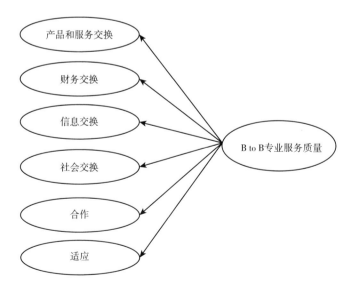

图 6-1　沃亚和恩纽（Wooa & Ennew，2005）的 B to B 专业服务质量模型

斯皮罗斯·古纳里斯（Spiros Gounaris，2005）收集了来自1285家 B to B 服务公司的问卷，梳理了适合 B to B 的逻辑框架，最终总结了四个维度的架构，即潜在质量、交互过程中的硬质量和软质量以及结果质量。并且设计验证了相关的量表，命名为 INDSERV 量表（见表6-1）。目前看起来这个量表是能比较全面反映 B to B 服务质量的。

表6-1　　斯皮罗斯·古纳里斯（Spiros Gounaris，2005）的

INDSERV 量表

服务质量维度	服务质量测量项目
潜在质量	提供全面服务
	具有必要的人员
	具有必要的设备
	具有必要管理哲学
	低人员调整
	使用合作伙伴/员工网络
过程硬质量	遵守时间进度
	遵守财务合同和预算
	遵守截止时间
	关注细节
	理解我们的需要
过程软质量	员工热情
	员工愿意倾听我们的问题
	员工乐于接受建议
	员工的个性愉悦
	必要时员工会争论
	员工关心我们的兴趣

续表

服务质量维度	服务质量测量项目
结果质量	达到目标
	有显著成效
	对我们的销售/形象有贡献
	服务提供有创新性
	与我们的战略一致

该量表也是目前在生产性服务业中最为重要的一个测评体系。另外，贾亚瓦尔德纳等（Jayawardhena et al, 2007）的研究从服务接触质量的视角归纳了 B to B 的四个服务特性，即专业性、礼貌性、友好性和能力。理查德等（Richard et al, 2009）对 B to B 模式下影响服务质量及服务满意度的要素进行探究。安格斯和皮特（Angus & Peter, 2015）建立起涵盖 7 个维度 39 项测量指标的 B to B 服务质量测评模型，并对顾客容忍度进行研究。纳迪亚等（Nadia et al, 2016）对印度国内外市场中高客户关联的 B to B 服务质量维度赋权情况进行分析。李和成浩（Lee & Seong, 2016）开展了 B to B 模式下服务质量相对重要性及优先权的研究。帕克宁（Parkbyungin, 2017）基于韩国化工产品市场，对 B to B 服务质量测评模型展开研究。

国内对 B to B 的整体研究并不多，多数是对具体行业进行研究，其中电子商务、物流、咨询这些行业较多。张晶（2014）采用 INDSERV 量表对企业咨询服务进行了研究，验证了 INDSERV 量表。张涑贤等（2010）基于古纳里斯（Gounaris, 2005）的测量模型提出了过程服务能力、过程交互质量、服务潜在能力、服务结果质量。

四、生产性服务业量表设计

（一）研究方案

基于本书前面章节建立起来的三维模型，将服务接触单元归纳为 54（3×3×6）个。正如前述，服务蓝图技术、服务交互模型、服务感知模型虽都从不同层面对服务流程进行细分，从某种程度上缓和了服务过于抽象的本质，但无论哪种框架都不能够涵盖服务过程中发生的所有环节。而本研究建立的 54 个接触单元从三种不同角度对整个服务流程进行把控，其中服务阶段对应了服务本身的过程要素；交互对象考虑了服务发起后各主导因素的不同作用；顾客感知则又基于服务接受者层面对各类服务感受进行细分。这种框架对避免通用服务质量模型造成信息遗漏有很好的效果，使得服务质量的评价更具科学性和合理性。

（二）企业访谈和生产性服务业研究方案修订

为了使设计的量表与实际企业的要求相差不大，本研究选取了几家企业进行访谈，选取了一个产品型企业和一个服务型企业。产品型企业为一家提供家电产品的企业（J 公司），我们围绕他们的物流服务需求进行了访谈；服务型企业为一家提供医学诊断服务的企业（D 公司），就他们各项服务需求进行了访谈。从访谈中我们看到：（1）生产性服务业的顾客在服务前和服务后均有比较明确的指标，很难根据我们设定的框架去细化;(2)在服务的交互过程中,会涉及较多对服务提供商各方面的感知评价,可以采纳设定的框架。具体的访谈提纲和访谈记录示例见本书附录 1 和附录 2。

由此,我们对研究方案进行了修订,形成了 20(2 + 3 × 6)个单元,将过程质量拆解为人、系统、环境和"六大感知"的矩阵组合,公司质量 16 个问题,结果质量 7 个问题,最终形成了 66 个问题的问卷。

(三) 问 卷 设 计

本研究问卷主要由两部分组成,第一部分是问卷的主体部分,衡量顾客对服务质量的评价,并采用了李克特五级程度量表对每个指标的重要性程度进行划分,计分从 1(非常不同意)到 5(非常同意),共 66 个问题;第二部分则是客户企业基本信息的调研,包括规模、性质、行业等。为了确保问项的表述清晰,没有歧义,以及对其信效度初步把握,本研究依据小范围预调研对部分问项进行校正,最终形成正式问卷。

1. 公司质量

U. 莱赫蒂宁和 J. R. 莱赫蒂宁(Lehtinen & Lehtinen,2006)提出了公司质量的概念,将公司质量定义为顾客不仅感知公司的形象,还感知公司的整体环境与架构。本研究综合已有文献对公司质量的测量(Wooa & Ennew,2005;Spiros Gounaris,2005;Angus & Peter,2015;张晶,2014;Parkbyungin,2017;张涑贤等,2010),形成了如表 6 - 2 所示的生产性服务业公司质量的量表。

表 6 - 2 公司质量量表设计

服务质量维度	服务交互对象	六大感知	测量题项
公司质量	人员系统环境	知觉	该机构拥有必要的人员
			该机构人员稳定
			该机构提供的服务产品齐全
			该机构拥有必要的设备
			该机构能够提供清晰的收费标准
			该机构拥有良好的口碑
			该机构具有一定的实力（如资产规模、注册资本、资质等）
			该机构各类服务网络数量充足
			该机构的财务稳定
			该机构拥有必要的合作伙伴网络
			该机构拥有良好的管理理念
			该机构拥有良好的经验
			该机构管理规范
			该机构信息化运作能力强
			该机构拥有良好的内部办公环境
			该机构拥有良好的外部办公环境

2. 过程质量

本研究综合已有文献对过程质量的测量（Wooa & Ennew，2005；Spiros Gounaris，2005；Angus & Peter，2015；张晶，2014；Parkbyungin，2017；张涑贤等，2010），形成了如表 6 - 3 所示的生产性服务业过程质量量表。

表 6 – 3　　　　　　　　　　　　　　　过程质量量表设计

服务质量维度	服务交互对象	六大感知	题　项
过程质量	人员	视觉	该机构员工仪容仪表整洁
			该机构员工举止得体
			该机构员工看上去很专业
			该机构员工态度良好
		听觉	该机构员工口齿清楚
			该机构员工用语规范、文明
		嗅觉	—
		味觉	—
		触觉	—
		知觉	该机构服务人员能够聆听客户的问题
			该机构员工性格易于合作
			该机构员工具备丰富专业知识和良好的职业技能
			该机构员工具有与客户有效沟通的能力
			该机构员工的业务综合处理能力强
			该机构员工能够提供个性化的服务
			该机构员工的应变处理能力强
			该机构员工能准确理解客户的需求
			该机构员工能及时回应客户的需求
			该机构员工能够准确无误地完成所承诺的服务
			该机构员工会给客户提出建议
			该机构员工能够有效解决客户的问题
			该机构员工能够照顾客户的利益
			该机构员工能够关注服务过程中的细节
	系统	视觉	该机构的设备设施/网站/App 等外观良好
		听觉	—

续表

服务质量维度	服务交互对象	六大感知	题　　项
过程质量	系统	嗅觉	—
		味觉	—
		触觉	—
		知觉	该机构的设备设施/网站/App 等功能齐全
			该机构的设备设施/网站/App 等运行稳定
			该机构的设备设施/网站/App 等先进
			该机构的设备设施/网站/App 等易用
			该机构的服务流程设计合理
			该机构的服务流程响应速度快
			该机构在服务过程中具有一定的灵活性和应变力
			服务过程中与该机构的沟通顺畅
			服务过程中该机构协调各种人、事、资源的能力强
			该机构所提供的各类信息准确
			该机构所提供的各类信息及时
			该机构提供的各类信息充分必要
			该机构各种途径所提供的信息一致
			该机构能够提供客户所需要的支付凭证
			该机构费用支付方式灵活多样
			该机构会严格按时间计划
			该机构能在最终截止时间前完成服务
			该机构能够严格控制预算
			该机构可以保护客户的信息安全
			该机构可以保护客户的账户财产安全
			该机构对于客户的抱怨和投诉能够快速响应
			该机构能够有效解决客户的抱怨和投诉

续表

服务质量维度	服务交互对象	六大感知	题 项
过程质量	环境	视觉	—
		听觉	—
		嗅觉	—
		味觉	—
		触觉	—
		知觉	该机构拥有良好的内部办公环境
			该机构拥有良好的外部办公环境

3. 结果质量

本研究综合已有文献对结果质量的测量（Wooa & Ennew，2005；Spiros Gounaris，2005；Angus & Peter，2015；张晶，2014；Parkbyungin，2017；张涑贤等，2010），形成了生产性服务业结果质量量表，如表 6 - 4 所示。

表 6 - 4 结果质量量表设计

服务质量维度	服务交互对象	六大感知	题 项
结果质量	人员系统环境	知觉	该机构提供的服务可以达到预期目标
			该机构提供的服务对客户销售（或形象）有帮助
			该机构提供的服务效果显著
			该机构提供的服务有创新性
			该机构提供的服务和客户的发展战略一致
			该机构所提供的服务能够协助客户的工作，提高工作效率

五、问卷发放与数据收集

（一）问卷发放和回收情况

生产性服务业调研对象为从事该行业的专业人员。其中，金融服务业选择了各企业财务工作人员（出纳、会计、财务管理人员等），以便对金融机构为企业提供服务质量做出综合判断；物流服务业选择各企业负责物流管理（物流员、发货员、物流助理、物流主管等）以及负责与第三方物流公司对接的人员进行问卷调研。问卷于 2017 年 8 月收集完成，共计发放 300 份，收回的问卷剔除无效问卷后，剩余有效问卷 188份，有效回收率为 62.7%。

（二）问卷基本信息统计

生产性服务业问卷的第二部分为对调研对象的基本信息进行统计，包括所处行业、参与调研人员职位以及对所在企业的了解程度。表 6 - 5是对 B to B 调研对象基本信息的统计。

从 188 份有效调研问卷统计得到，金融相关企业占到 64.4%，物流相关企业占到 35.6%。金融机构分布于工商银行、建设银行、交通银行等全国 26 家银行机构，物流机构分布于德邦、申通、顺丰等全国 18 家快递机构，调研样本选取范围较广。从调研人员职位统计中可知，高层管理人员占到调研总人数的 23.4%，中层人员占到 34%，企业基层人员则占到 42.6%，职员分布结构与目前企业实际情况基本相符。至于对所涉及服务的了解程度，非常了解与了解的受访者占总人数的62.8%，不了解的只是极个别的调研对象，表明所选样本较为合理。

表6-5   B to B 响应者统计信息 （N = 188）

变量	选项	N	占比（%）
行业	金融	121	64.4
	物流	67	35.6
职位	高层	44	23.4
	中层	64	34.0
	基层	80	42.6
了解程度	非常不了解	1	0.5
	不了解	4	2.1
	一般	65	34.6
	了解	100	53.2
	非常了解	18	9.6

六、数据分析与服务特性萃取

（一）信度分析

首先对描述生产性服务企业的66个问题进行信度分析，整个量表的 Cronbach's α 系数为0.977，远大于0.7，说明生产性服务质量的各指标间具有相当程度的内部一致性，B to B 服务质量测评量表的可信度较高。

（二）因子分析

1. KMO 检验和 Bartlett 检验结果

笔者在阅读大量相关国内外文献的基础上，以广泛认同的 SE-RVQUAL 模型为参照，基于顾客感知的角度，运用服务交互理论和服务蓝图技术并结合服务业相关特性，设计出本次调查的问卷，因此在内容效度上具有较强的合理性。依据 KMO 检验及 Bartlett 球形检验数据分析结果（见表 6-6），B to B 生产性服务业数据 KMO 值为 0.925，表明各变量间共同因素较多，非常适合做因子分析。Bartlett 显著性值为 0.000，说明调研数据符合正态分布，适合进一步因子分析。

表 6-6　　　　　　KMO 值及 Bartlett 球形检验（B to B）

KMO 值	Bartlett 球形检验		
	近似卡方	df	Sig.
0.925	6855.932	2080	0.000

2. 解释的总方差

初步提取 13 个因子，方差解释度为 71.495%。但是每个题项的公因子方差和题项在因子上的载荷有 14 个题项小于 0.5。对这些题项分别进行删除，重新采用主成分分析法进行因子分析。依据表 6-7 中数据分析结果可知，通过提取初始特征值大于 1 的因子，共提取 9 个 B to B 服务特性因子，这九个因子分别解释了 13.776%、9.615%、9.224%、8.620%、7.239%、6.335%、6.332%、4.011% 和 3.150%，方差累计贡献率达到 68.342%，说明旋转后的因子能够反映原始变量中大部分信息，数据分析结果可接受。

表 6 – 7 旋转后相关矩阵特征值和累积贡献率

成分	旋转平方和载入		
	特征值 λ	方差贡献率（%）	累积贡献率（%）
1	7.026	13.776	13.776
2	4.904	9.615	23.391
3	4.715	9.244	32.636
4	4.396	8.620	41.255
5	3.692	7.239	48.494
6	3.241	6.355	54.849
7	3.230	6.332	61.182
8	2.046	4.011	65.193
9	1.606	3.150	68.342

3. 旋转成分矩阵

经过反复多次的指标筛选，最终保留了 65 项初始指标中的 51 项，删除的问题包括：该机构员工仪容仪表整洁；该机构员工举止得体；该机构员工看上去很专业；该机构在服务过程中具有一定的灵活性和应变力；服务过程中与该机构的沟通顺畅；服务过程中该机构协调各种人、事、资源的能力强；该机构费用支付方式灵活多样；该机构会严格按时间计划；该机构能在最终截止时间前完成服务；该机构能够严格控制预算；该机构可以保护客户的信息安全；该机构可以保护客户的账户财产安全；该机构能够有效解决客户的抱怨和投诉；该机构对于客户的抱怨和投诉能够快速响应。旋转后每个公因子载荷分配更加清晰，表 6 – 8 即为 B to B 指标旋转后成分矩阵结果展示。

表 6 - 8

旋转后的成分矩阵

问　项	1	2	3	4	5	6	7	8	9
该机构员工能够照顾本企业的利益	0.746	0.147	0.071	0.173	0.193	0.094	0.061	0.093	0.192
该机构员工会给本企业提出建议	0.726	0.122	0.107	0.166	0.232	0.082	0.115	0.048	-0.095
该机构员工能够有效解决本企业的问题	0.723	0.183	0.226	0.015	0.169	0.138	0.078	0.101	0.043
该机构员工的应变处理能力强	0.671	0.180	0.161	0.222	0.131	0.134	0.126	0.153	0.122
该机构员工能及时回应本企业的需求	0.649	0.129	0.127	0.216	0.309	0.189	0.238	0.047	-0.057
该机构员工能够提供个性化的服务	0.637	0.226	0.312	0.157	0.213	0.175	0.080	0.033	0.015
该机构员工能够关注服务过程中的细节	0.628	0.241	0.083	0.177	0.225	0.063	0.061	0.155	0.306
该机构员工能准确理解本企业的需求	0.606	0.269	0.139	0.108	0.272	0.155	0.308	0.022	0.122
该机构员工具备丰富专业知识和良好的职业技能	0.519	0.164	0.228	0.026	-0.051	0.254	0.369	0.188	0.172
该机构员工具有与本企业有效沟通的能力	0.516	0.125	0.328	0.024	0.059	0.113	0.404	0.262	0.125
该机构员工的业务综合处理能力强	0.516	0.149	0.385	0.112	0.016	0.102	0.315	-0.067	0.202
该机构员工能够准确无误地完成所承诺的服务	0.510	0.198	0.332	0.197	0.216	0.146	0.341	-0.086	-0.003
该机构的设备设施/网站/App 等先进	0.243	0.866	0.134	0.099	0.168	0.104	0.147	0.060	0.065

续表

问项	1	2	3	4	5	6	7	8	9
该机构的设备设施/网站/App等运行稳定	0.233	0.819	0.113	0.122	0.094	0.173	0.191	0.064	0.120
该机构的设备设施/网站/App等易用	0.200	0.813	0.107	0.153	0.136	0.148	0.118	0.160	0.088
该机构的设备设施/网站/App等外观良好	0.208	0.808	0.166	0.178	0.138	0.162	0.176	0.051	0.065
该机构的设备设施/网站/App等功能齐全	0.235	0.790	0.182	0.165	0.153	0.120	0.144	0.097	0.010
该机构各种途径所提供的信息一致	0.172	0.139	0.749	0.193	0.086	0.056	0.137	0.078	0.151
该机构提供的各类信息充分必要	0.217	0.082	0.736	0.188	0.221	0.102	0.101	0.120	-0.030
该机构所提供的各类信息准确	0.358	0.203	0.680	0.081	0.044	0.245	0.135	0.076	0.019
该机构能够提供客户所需要的支付凭证	0.063	0.105	0.679	0.186	0.140	0.096	0.211	-0.029	0.204
该机构所提供的各类信息及时	0.274	0.078	0.646	0.202	0.153	0.153	0.017	0.095	0.049
该机构可以保护本企业的信息安全	0.116	0.175	0.527	0.022	0.315	0.172	0.139	0.244	0.131
该机构能够提供清晰的收费标准	0.116	0.048	0.130	0.687	0.177	0.064	0.304	-0.159	-0.037
该机构具有一定的实力（如资产规模、注册资本、资质等）	0.107	0.209	0.048	0.676	0.041	0.266	-0.052	0.065	0.225
该机构提供的服务产品齐全	0.126	0.145	0.187	0.673	0.165	0.172	0.216	0.152	-0.006
该机构拥有必要的设备	0.283	0.146	0.156	0.666	0.075	0.175	0.137	0.099	-0.112

续表

问项	1	2	3	4	5	6	7	8	9
该机构拥有良好的口碑	0.069	0.207	0.208	0.660	0.178	0.226	0.039	-0.077	0.220
该机构拥有必要的人员	0.130	0.022	0.195	0.614	0.068	0.228	0.100	0.531	0.028
该机构人员稳定	0.233	0.029	0.302	0.578	0.057	0.175	0.010	0.393	0.113
该机构提供的服务对本企业销售（或形象）有帮助	0.284	0.100	0.140	0.191	0.696	0.153	0.174	0.045	0.171
该机构提供的服务效果显著	0.351	0.135	0.309	0.229	0.642	0.107	0.178	-0.034	0.057
该机构提供的服务有创新性	0.453	0.246	0.125	0.140	0.615	0.047	0.057	0.077	0.021
该机构提供的服务可以达到预期目标	0.113	0.179	0.246	0.225	0.601	0.154	0.116	0.255	0.209
该机构提供的服务和本企业的发展战略一致	0.492	0.166	0.157	-0.012	0.554	0.143	0.121	0.118	-0.023
该机构所提供的服务能够协助本企业的工作，提高工作效率	0.314	0.155	0.147	0.076	0.553	0.136	0.143	0.199	0.079
该机构拥有良好的经验	0.111	0.129	0.232	0.176	0.083	0.718	0.155	0.073	0.244
该机构拥有良好的管理理念	0.236	0.115	0.124	0.253	0.152	0.648	0.195	0.090	0.044
该机构拥有必要的合作伙伴网络	0.276	0.251	0.091	0.186	0.235	0.603	-0.014	0.122	-0.228

问　项	1	2	3	4	5	6	7	8	9
该机构的财务稳定	0.129	0.079	0.334	0.283	0.185	0.589	0.119	0.146	0.020
该机构管理规范	0.105	0.199	0.315	0.358	0.011	0.523	0.024	0.269	0.088
该机构各类服务网络数量充足	0.239	0.263	-0.038	0.354	0.096	0.516	-0.010	-0.154	0.051
该机构员工性格易于合作	0.276	0.171	0.184	0.152	0.300	0.193	0.635	-0.005	-0.124
该机构员工口齿清楚	0.194	0.258	0.213	0.285	0.147	0.028	0.613	0.217	0.059
该机构员工态度良好	0.202	0.211	0.089	0.060	0.206	0.297	0.606	-0.015	0.282
该机构员工用语规范、文明	0.226	0.202	0.188	0.305	0.092	-0.048	0.598	0.320	0.082
该机构服务人员能够聆听本企业的问题	0.373	0.341	0.175	0.048	0.126	0.024	0.519	0.262	-0.021
该机构拥有良好的内部办公环境	0.170	0.250	0.226	0.084	0.291	0.149	0.256	0.628	0.108
该机构拥有良好的外部办公环境	0.273	0.282	0.068	0.080	0.292	0.131	0.223	0.545	0.080
该机构的服务流程响应速度快	0.292	0.127	0.344	0.154	0.206	0.092	0.064	0.135	0.624
该机构的服务流程设计合理	0.221	0.241	0.366	0.140	0.254	0.115	0.158	0.110	0.619

4. 因子分析结果

本研究运用最大方差法旋转，共保留 B to B 服务质量测评指标 51 项，所得生产性服务特性因子 9 个。随后依据各因子在每项指标上的载荷分布情况对各个因子进行命名（见表 6 - 9）。公因子 1 为"移情性"（包括 12 项指标）；公因子 2 为"可靠性"（包括 5 项指标）；公因子 3 为"沟通性"（包括 6 项指标）；公因子 4 为"声誉性"（包括 6 项指标）；公因子 5 为"有效性"（包括 7 项指标）；公因子 6 为"规范性"（包括 6 项指标）；公因子 7 为"专业性"（包括 5 项指标）；公因子 8 为"舒适性"（包括 2 项指标）；公因子 9 为"响应性"（包括 2 项指标）。

表 6 - 9　　B to B（生产性服务业）服务质量特性及测评指标

特性（9 个）	测评指标（51 项）
移情性	X1 该机构员工具备丰富专业知识和良好的职业技能
	X2 该机构员工具有与本企业有效沟通的能力
	X3 该机构员工的业务综合处理能力强
	X4 该机构员工能够提供个性化的服务
	X5 该机构员工的应变处理能力强
	X6 该机构员工能准确理解本企业的需求
	X7 该机构员工能及时回应本企业的需求
	X8 该机构员工能够准确无误地完成所承诺的服务
	X9 该机构员工会给本企业提出建议
	X10 该机构员工能够有效解决本企业的问题
	X11 该机构员工能够照顾本企业的利益
	X12 该机构员工能够关注服务过程中的细节

续表

特性（9个）	测评指标（51项）
可靠性	X13 该机构的设备设施/网站/App 等功能齐全
	X14 该机构的设备设施/网站/App 等运行稳定
	X15 该机构的设备设施/网站/App 等外观良好
	X16 该机构的设备设施/网站/App 等先进
	X17 该机构的设备设施/网站/App 等易用
沟通性	X18 该机构所提供的各类信息准确
	X19 该机构所提供的各类信息及时
	X20 该机构提供的各类信息充分必要
	X21 该机构各种途径所提供的信息一致
	X22 该机构能够提供客户所需要的支付凭证
	X23 该机构可以保护本企业的信息安全
有效性	X24 该机构提供的服务可以达到预期目标
	X25 该机构提供的服务对本企业销售（或形象）有帮助
	X26 该机构提供的服务效果显著
	X27 该机构提供的服务有创新性
	X28 该机构提供的服务和本企业的发展战略一致
	X29 该机构所提供的服务能够协助本企业的工作，提高工作效率
声誉性	X30 该机构能够提供清晰的收费标准
	X31 该机构拥有良好的口碑
	X32 该机构具有一定的实力（如资产规模、注册资本、资质等）
	X33 该机构拥有必要的人员
	X34 该机构人员稳定
	X35 该机构提供的服务产品齐全
	X36 该机构拥有必要的设备

续表

特性（9 个）	测评指标（51 项）
规范性	X37 该机构各类服务网络数量充足
	X38 该机构的财务稳定
	X39 该机构拥有必要的合作伙伴网络
	X40 该机构拥有良好的管理理念
	X41 该机构拥有良好的经验
	X42 该机构管理规范
专业性	X43 该机构员工口齿清楚
	X44 该机构员工用语规范、文明
	X45 该机构服务人员能够聆听本企业的问题
	X46 该机构员工性格易于合作
	X47 该机构员工态度良好
响应性	X48 该机构的服务流程设计合理
	X49 该机构的服务流程响应速度快
舒适性	X50 该机构拥有良好的内部办公环境
	X51 该机构拥有良好的外部办公环境

本研究中所提取的 B to B 生产性服务业的服务特性具体含义如下：

移情性：用于衡量服务过程中，服务人员充分了解顾客并尽力满足其需求的能力。

可靠性：用于衡量服务过程中，设备设施/网站/App 等要素的满足顾客需求的能力。

沟通性：指服务过程中，所传递的信息满足顾客需求的程度。

有效性：指服务效果的显著性，即服务结果符合预期并为顾客带来收益的程度。

声誉性：用于衡量服务机构的综合实力，包括对口碑、人员、服务、收费等相关要素的综合考量。

规范性：用于衡量服务管理的完善程度，包括管理理念、管理规范、合作伙伴网络等相关要素。

专业性：指服务过程中，服务人员表现出来的礼仪、态度、倾听等基本规范。

响应性：用于衡量服务流程的合理性与快速响应性。

舒适性：指服务环境的舒适程度，包括服务企业的内部与外部环境。

七、生产性服务业服务质量测评体系构建

（一）二阶服务质量测评模型

结合探索性因子分析的结果，本研究将前文所提取的 9 个 B to B 服务特性作为潜变量，将 51 项服务质量测评指标作为观测变量，构建生产性服务质量测评二阶模型，如图 6-2 所示。

采用 AMOS22.0 将调研期间所收集到的 B to B 服务质量评价数据代入模型中运行，对上述二阶模型进行模型拟合度检验和参数估计。由此得到的拟合指标并不是特别理想，于是进一步将模型中观察变量在一阶因子上的载荷小于 0.7 的变量删除，调整模型，删除 13 个指标，包括：X1 该机构员工具备丰富专业知识和良好的职业技能；X2 该机构员工具有与本企业有效沟通的能力；X3 该机构员工的业务综合处理能力强；X22 该机构能够提供客户所需要的支付凭证；X23 该机构可以保护本企业的信息安全；X29 该机构所提供的服务能够协助本企业的工作，提高工作效率；X30 该机构能够提供清晰的收费标准；X31 该机构拥有良好的口碑；X32 该机构具有一定的实力（如资产规模、注册资本、资质

等）；X37 该机构各类服务网络数量充足；X39 该机构拥有必要的合作
伙伴网络；X46 该机构员工性格易于合作；X47 该机构员工态度良好。
最终保留了 38 个指标，由此拟合度指标均有所提高，模型的拟合优度
得到了改善（见表 6 – 10）。

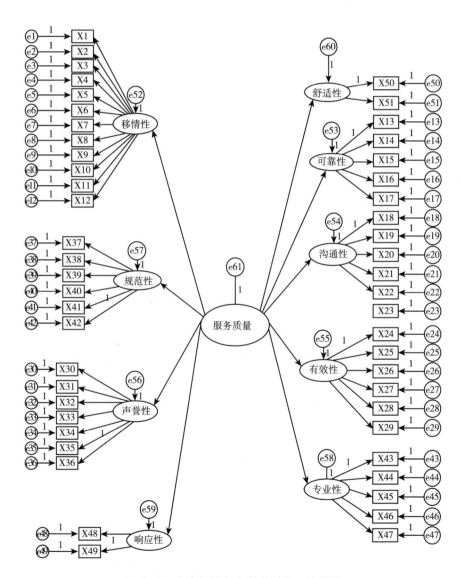

图 6 – 2　生产性服务业服务质量二阶模型

表 6 - 10 初始模型和改善模型的拟合指标

指标	CMIN/DF	NFI	IFI	CFI	RMSEA
模型 1	1.833	0.724	0.852	0.851	0.067
模型 2（改善模型）	1.775	0.8	0.902	0.901	0.064

改善模型的参数估计如图 6 - 3 所示，可以看到所有观测变量在潜变量上的载荷系数均大于 0.7。

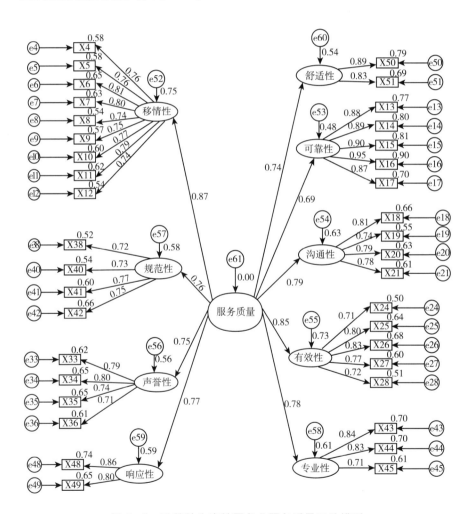

图 6 - 3 改善的生产性服务业服务质量二阶模型

表 6-11 是 AMOS 输出的二阶因子与一阶因子的标准关系系数表。依据标准回归系数的大小对 9 个 B to B 服务特性因子进行排序，依次为：移情性、有效性、沟通性、专业性、响应性、规范性、声誉性、舒适性和可靠性。可知在生产性服务质量评价中，服务人员的移情性是影响服务质量最关键的要素，服务设备的可靠程度相对最不重要。

表 6-11　　　　B to B 二阶因子与一阶因子的标准回归系数

项目	估计系数
移情性←B to B 服务质量	0.87
可靠性←B to B 服务质量	0.69
沟通性←B to B 服务质量	0.79
有效性←B to B 服务质量	0.85
声誉性←B to B 服务质量	0.75
规范性←B to B 服务质量	0.76
专业性←B to B 服务质量	0.78
响应性←B to B 服务质量	0.77
舒适性←B to B 服务质量	0.74

（二）生产性服务业指标权重确定

进一步就各观察变量在潜变量上的载荷系数进行整理，得到 9 个 B to B 一阶因子与其对应的服务质量测评指标的标准关系系数分布表（见表 6-12）。在"移情性"因子下，"该机构员工能准确理解本企业的需求"相关性最强；在"可靠性"因子下，"该机构的设备设施/网站/App 等先进"相关性最强；在"沟通性"因子下，"该机构所提供的各类信息准确"相关性最强；在"有效性"因子下，"该机构提供的服务效果显著"相关性最强；在"声誉性"因子下，"该机构人员稳定"

相关性最强；在"规范性"因子下，"该机构拥有良好的经验"相关性最强；在"专业性"因子下，"该机构员工口齿清楚"相关性最强；在"响应性"因子下，"该机构的服务流程设计合理"相关性最强；在"舒适性"因子下，"该机构拥有良好的内部办公环境"相关性最强。

表6-12　　B to B 一阶因子与其对应的测评指标的标准关系系数

三级指标	二级指标	估计参数	三级指标	二级指标	估计参数
员工关注细节	移情性	0.737	各类信息及时	沟通性	0.741
员工照顾利益	移情性	0.786	各类信息充分	沟通性	0.792
员工解决问题	移情性	0.774	提供信息一致	沟通性	0.778
员工提出建议	移情性	0.754	必要设备	声誉性	0.713
员工完成承诺	移情性	0.737	产品齐全	声誉性	0.743
员工及时回应	移情性	0.795	人员稳定	声誉性	0.805
员工准确理解需求	移情性	0.807	必要人员	声誉性	0.788
员工应变能力	移情性	0.758	服务达到预期	有效性	0.707
员工个性化服务	移情性	0.762	服务对企业有帮助	有效性	0.800
设备功能齐全	可靠性	0.875	服务效果显著	有效性	0.825
设备运行稳定	可靠性	0.894	服务有创新性	有效性	0.773
设备外观良好	可靠性	0.899	服务和企业的发展战略一致	有效性	0.716
设备设施先进	可靠性	0.949	内部办公环境	舒适性	0.890
设备设施易用	可靠性	0.869	外部办公环境	舒适性	0.828
管理规范	规范性	0.749	员工口齿清楚	专业性	0.835
良好经验	规范性	0.774	员工用语规范	专业性	0.834
管理理念	规范性	0.735	员工聆听问题	专业性	0.712
财务稳定	规范性	0.724	服务流程响应速度	响应性	0.804
各类信息准确	沟通性	0.812	服务流程合理	响应性	0.858

　　将每个一阶因子的观测变量相关系数进行归一化处理，同时也对一阶因子与二阶因子之间的系数进行归一化处理，以获得各测量指标的权重，结果如表6－13所示。

表6－13　　　　　　　B to B 服务质量测评体系指标权重

一级指标	二级指标	二级指标权重	三级指标	三级权重	三级指标对一级指标权重
B to B 服务质量评价体系	移情性	0.124	员工关注细节	0.107	0.013268
			员工照顾利益	0.114	0.014136
			员工解决问题	0.112	0.013888
			员工提出建议	0.109	0.013516
			员工完成承诺	0.107	0.013268
			员工及时回应	0.115	0.01426
			员工准确理解需求	0.117	0.014508
			员工应变能力	0.110	0.01364
			员工个性化服务	0.110	0.01364
	可靠性	0.099	设备功能齐全	0.195	0.019305
			设备运行稳定	0.199	0.019701
			设备外观良好	0.200	0.0198
			设备设施先进	0.212	0.020988
			设备设施易用	0.194	0.019206
	沟通性	0.113	各类信息准确	0.260	0.02938
			各类信息及时	0.237	0.026781
			各类信息充分	0.254	0.028702
			提供信息一致	0.249	0.028137

续表

一级指标	二级指标	二级指标权重	三级指标	三级权重	三级指标对一级指标权重
B to B 服务质量评价体系	有效性	0.122	服务达到预期	0.185	0.02257
			服务对企业有帮助	0.209	0.025498
			服务效果显著	0.216	0.026352
			服务有创新性	0.202	0.024644
			服务和企业的发展战略一致	0.187	0.022814
	声誉性	0.107	必要设备	0.234	0.025038
			产品齐全	0.244	0.026108
			人员稳定	0.264	0.028248
			必要人员	0.258	0.027606
	规范性	0.109	管理规范	0.251	0.027359
			良好经验	0.260	0.02834
			管理理念	0.246	0.026814
			财务稳定	0.243	0.026487
	专业性	0.111	员工口齿清楚	0.351	0.038961
			员工用语规范	0.350	0.03885
			员工聆听问题	0.299	0.033189
	响应性	0.110	服务流程响应速度	0.484	0.05324
			服务流程合理	0.516	0.05676
	舒适性	0.105	内部办公环境	0.518	0.05439
			外部办公环境	0.482	0.05061

八、研究结论及小结

本章从生产性服务业的概念提出入手，阐述了生产性服务业在现代国民经济生产中的作用；同时描述了我国生产性服务业的发展现状与不足。本章的研究重点包括通过文献和访谈形成生产性服务业的服务质量的测量指标体系，然后通过探索性因子分析和结构方程建模等方法对指标体系进行分析，构建可靠有效的 B to B 服务质量测评模型。由此，我们形成了一个 9 个维度、38 个指标的测评体系，以提供给生产性服务业在提供服务时作为参考，也提供给企业在考量服务提供商的服务时作为依据。

第七章

公共服务业服务特性萃取

一、研究背景

服务业根据服务供应商和服务接受方的类型不同，除了消费性服务业和生产性服务业以外，还有一类重要的服务，即公共服务。公共服务一般指使用公共权力和公共资源向公民（及其被监护的未成年子女等）提供的各项服务（王春婷，2012）。国家"十四五"规划中对2035年远景目标的描述明确提出"基本公共服务实现均等化"，并在四十六章中提出了"加快补齐基本公共服务短板，着力增强非基本公共服务弱项，努力提升公共服务质量和水平"的思路。党的十九届五中全会决策部署，也提到有效利用云计算、区块链、大数据、人工智能等数字技术，提升公共服务的质量、水平和效能，推动公共服务高质量发展。可见，对公共服务质量的研究，直接关系到党提出的"全体人民共同富裕取得更为明显的实质性进展"目标的实现。

公共服务业最早出现在中世纪的意大利，因为鼠疫爆发，政府向公众免费派发疫苗，并提供一系列免费治疗服务。从此，公共服务行业开始萌芽，并向全世界扩张。进入 20 世纪 90 年代，信息技术推动美国企业界发起了一场名为"重理管理"的管理革命，即充分运用信息技术重新清理、评价并大幅度改善原有的管理方式和管理程序，从而有效地降低管理成本，提高管理效率。随后，"重理管理"波及公共部门，要求政府为公民提供的服务增强回应性、提高效率、降低成本。"重理政府、重塑政府"确立了服务型政府的理念，同时创造了全新的服务型政府的行为方式和行为程序，并对政府雇员的素质要求、政府内外各方利益关系进行全面调整，根本上提升了政府提供的公共服务的质量。由此，公共服务质量的概念开始被广为重视。

我国进行的一系列以市场经济为导向的改革，在公共服务领域涉及的范围非常广，其中政务（行政）服务是一个重要的改革领域。早在20 世纪 90 年代中后期，为优化经济发展环境，一些经济比较发达的地区已经创建了政务（行政）服务中心，对审批事项实行集中、公开办理。据调查，这些中心成为推进行政审批制度改革和实施政务公开的重要平台，人民群众给予了比较好的评价。随着我国社会主义市场经济体制日趋完善，进一步转变政府职能，提高政府服务水平，优化经济发展环境将一直是我国公共服务改革的重点领域。2016 年底，"最多跑一次"改革在浙江首次被提出，是近年来提升政务服务质量的主要举措，也让我国公共服务质量往前迈了一大步。

二、公共服务质量相关研究

（一）国外公共服务质量研究的沿革

在公共行政领域，西方国家的行政改革的现实需求推动着公共服务质量的理论研究。20 世纪 70 年代以来，公民参与成为公共行政领域的潮流。公众对政府公共服务质量提升持续关注，促使公共行政改革将效率目标更改为公共服务质量。例如美国从 70 年代开始关注公共服务质量，主要借鉴质量管理运动的技术和理念提升公共服务质量。到 90 年代，美国联邦政府在公共部门推行全面质量管理以提升公共部门的服务质量。例如，克林顿政府的"政府再造"运动，英国梅杰政府发起的"公民宪章运动"，都旨在改革行政组织、流程再造，降低行政成本，改进服务质量，提高公众满意度。这一阶段改革的特点是注重服务的公共性、回应性和公民满意度。90 年代末，公共服务质量已经受到欧洲公共部门改革和美国公共部门的重视。

谢兴全（2017）认为，西方公共服务质量概念是围绕"质量圈""全面质量管理""顾客满意"等工商管理理念或技术的发展而不断扩大，表现在"质量"概念随着时代需求和应用情景的不同而变化。新的质量内涵和外延更加宽泛，新质量观不仅仅关注服务的成本、速度、效率，最重要的是更加重视公众满意度、公平性、可持续性、开放共享、舒适与亲和性等特质。奥利珀和梅恩（Rieper & Mayne，1998）提出分析公共服务质量的三个层次：服务交易和输送结果的微观质量；政策目标影响的服务效能的中观质量；公平和平等理念促进公共产品目标实现的公共价值的宏观质量。

于文轩、许成委和何文俊（2016）描述了国外公民对公共服务测评可靠性的争论，最后得出的结论是：对公民主观绩效测评的重视是民主行政和服务型政府建设的应有之意和必然要求。公民对绩效的感知在很大程度上可以反映政府客观的绩效；对政府绩效应该从多个维度进行测量；公民对政府绩效的测量既有对政府公共服务整体绩效的看法，也有对政府公共服务各维度的看法；对政府公共服务绩效的测量、对公民主观服务感知的测量需要采用定性和定量研究相结合的方法；以公民主观服务感知为基础的公共服务绩效测评体系要既有对结果的测评也要有对过程的测评，要采用成熟的科学的研究方法选择指标体系、确定权重和进行加总，以得到尽可能科学的结论。

（二）国内关于公共服务质量的研究简评

公共服务质量作为我国行政学领域"舶来品"，一方面外生于西方新公共管理理论与改革运动的示范效应，另一方面也内生于我国行政改革和行政学理论的发展需求。已有研究主要将公共服务质量作为两类不同性质的概念处理（谢兴全，2017）：一是视为评估术语，二是看成价值标准。前者主要从评价视角、评价方法、评价层次等维度界定其概念内涵与外延，遵循典型的实证主义论证传统；后者主要围绕公平正义、民主参与等规范性价值进行阐述，属于规范性政治哲学的分析范畴。

苟粒媛（2016）总结了当前对公众感知公共服务质量的研究主要呈现的三个特点。

（1）公共服务质量研究方法的选择。从已有研究来看，主要有两个方向。第一个方向是坚持从研究公共部门自身出发，以内部视角探寻公共部门服务质量现状、以测量机关内工作人员对自身的评价为主要手段，结合相关资料提出改进措施。第二个方向是以外部视角作为起点，坚持公众价值导向，调查服务接受者对服务结果和服务过程细节的主观感知，以获得公众对公共部门服务质量的评价；该研究方向通常采用的方法有 SERVQUAL、SERVPERF、顾客满意度指数模型，因为这类研究侧重于微观层面的测量，重视顾客感受，因此，也被广泛应用于政府部门的服务质量研究中（苟粒媛，2016）。

（2）公共服务质量评价指标体系的构建。在公共服务质量评价指标体系的构建中，必须考虑公平、公正、守法等公共价值原则。此外，政府与其他的服务供给主体不同，除了管理责任外，还承担政治责任和社会责任。这些责任要体现在公共行政服务中，也应将这些特殊性体现在指标体系的构建中。

（3）目前对行政服务中心的研究大多通过案例研究法，以某一具体行政服务中心为落脚点，描述行政服务中心现状，发现其可能存在的问题，探寻问题存在的原因，提出建议对策，相关研究大都以这种模式进行，数据调查也以行政服务中心内部为主。但是，这类研究忽视了从外部视角探寻原因的方式，对服务接受者的感知缺乏重视，没有第一手的调查研究，不能为行政服务中心服务质量改进提供有力依据，因此存在着一定局限性。所以，基于公众感知度的行政服务中心公共服务质量的科学评价应成为服务型政府研究的重点。

（三）行政服务质量的相关研究

国内学者从公众视角展开对行政服务质量的研究有不少。吕维霞和王永贵（2010b）将公众感知行政服务质量分为 6 个维度，分别是便利性、响应性、透明性、守法性、实效性和保证性。于文轩、许成委和何文俊（2016）通过实证研究提炼了办税服务的绩效因子，分别是办税服务质量、宣传材料、办税效率、纳税培训、咨询热线、地税网站、宣传方式等 7 个因子。朱丹薇（2016）以服务质量差距模型作为理论基础，对行政审批服务质量进行分析，将其分为有形性、保证性、守法性、透明性、信息性、移情性等 6 个维度。张育英、明承瀚和陈涛（2016）简单地将行政审批服务的质量分为信息质量、系统质量和服务质量。徐冰冰（2009）通过实证数据提炼了地方政府行政服务质量的 4 个维度，分别是响应性、守法性、透明性、实效性。这些研究对于行政服务测评要素的提炼基本基于 SEVQUAL 量表，再结合行政服务的特点加以修订。本章拟采用本书提出的研究框架对行政服务展开研究。

三、研究思路和设计

（一）研究方案

本研究根据基本研究模型，选择在公共服务中比较典型的行政服务作为研究对象，一来行政服务覆盖面广，几乎所有的公民都有需求，且具有服务经历；另一方面行政服务是政府的窗口，在公共服务业具有举足轻重的地位。针对行政服务的特点，笔者对研究方案进行了修订，形成了 19（6×3＋1）个接触单元，由于当公众需要去行政中心办事的时候，事前是没有任何选择的，因此只包括过程质量和结果质量两个部分，再将过程质量拆解为人、系统、环境和"六大感知"的矩阵组合，结果质量为 5 个题目，最终形成了 71 个问题的问卷。

（二）问卷设计

本研究问卷主要由两部分组成。第一部分是问卷的主体部分，衡量了顾客对服务质量的评价，并采用了李克特五级程度量表对每个指标的重要程度进行划分，计分从 1（非常不同意）到 5（非常同意）。问卷主体包括四个部分——人员、系统、环境、结果。第二部分则是市民基本信息调研，包括关于行政中心的基本行为特征以及个人信息。为了确保问项的表述清晰，以及对其信效度进行初步把握，研究依据小范围预调研对部分问项进行校正，最终形成正式问卷。

1. 过程质量

本研究结合吕维霞和王永贵（2010a，2010b）、吕维霞等（2009）、于文轩等（2016）、朱丹薇（2016）、张育英等（2016）、徐冰冰（2009）等文献对公共服务的过程质量量表进行设计，具体问项设计如表 7 - 1 所示。

表 7 - 1 　　　　　　　　　　　过程质量量表设计

服务质量维度	服务交互对象	六大感知	题　　项
过程质量	人员	视觉	工作人员举止得体
			工作人员对办事人的神情诚恳
			—
			—
		听觉	工作人员口齿清楚
			工作人员用语规范、文明
			工作人员声音听起来热情、柔和
		嗅觉	—
		味觉	—
		触觉	—
		知觉	工作人员能耐心地听取办事人的陈述、了解办事人的需求
			就事情的进展情况，工作人员能及时主动告知
			工作人员让办事人感受到公平对待
			工作人员能够准确无误地为办事人办事
			工作人员能有效提供建议，帮助办事人避免不必要的付出
			工作人员能及时纠正服务中出现的偏差

续表

服务质量维度	服务交互对象	六大感知	题　项
过程质量	人员	知觉	工作人员能在时限范围内办结办事人的行政审批事项
			工作人员不会因为忙而拒绝办理办事人的行政审批事项
			工作人员熟悉与所办业务相关的政府文件和政策法规
			工作人员能准确解释与所办业务相关的政府文件或政策规定
			工作人员对事情能不能办、怎么办和找谁办非常清楚
			工作人员应用政策法规时，能结合实际，灵活应用
			工作人员廉洁奉公
	系统	视觉	—
		听觉	—
		嗅觉	—
		味觉	—
		触觉	—
			—
		知觉	行政办事过程透明
			办事人可以通过网络、热线电话等渠道了解到事情的进展情况
			行政中心办事过程是公平、公正的
			行政中心具备较为完善的监督机制
			行政中心不会泄露隐私
			办事人可以很容易找到工作人员或办事地点
			办事人能很方便地了解到办事程序和办事要求
			行政中心的办事表格容易填写
			行政中心办事过程方便快捷
			行政中心的服务时间是便利的

续表

服务质量 维度	服务交互 对象	六大 感知	题　　项
过程 质量	系统	知觉	行政中心的服务流程设计合理
			行政中心的服务流程具有一定的灵活性
			行政审批过程中不同窗口工作人员协作配合
			行政审批各环节都有清楚而详细的制度规定
			行政审批各个环节符合相关法律法规的要求
			行政中心的设备设施（例如，自助设备、取号设备）先进
			行政中心的设备设施运行稳定
			行政中心的设备设施数量充足
			行政中心的设备设施容易使用
			行政中心所提供的各类信息准确
			行政中心构所提供的各类信息及时更新
			行政中心提供的各类信息具体丰富
			行政中心各种途径所提供的信息一致
			行政审批的收费标准公开统一
			行政中心的各项办事收费公平合理
			行政中心能够提供清晰无误的费用清单
			行政中心能够提供正规有效的各类凭证
			行政中心办事费用的支付方式方便
			行政中心的投诉渠道方便
			行政中心的投诉渠道公开
			行政中心处理办事人投诉流程简单
			投诉能得到及时解决或答复

续表

服务质量 维度	服务交互 对象	六大 感知	题　　项
过程 质量	环境	视觉	行政中心环境整洁
			行政中心的灯光亮度适中
			行政中心空间布局合理
			行政中心的装修风格有吸引力
			行政中心的内部陈设有吸引力
			其他办事人着装适宜
			其他办事人举止得体
			其他办事人行为友好
			行政中心的各类指示标识清晰明确
		听觉	行政中心的背景声音舒适
			行政中心无噪声干扰
		嗅觉	—
		味觉	—
		触觉	行政中心的通风良好
			行政中心温度适宜
		知觉	行政中心湿度适宜
			行政中心不拥挤
			行政中心的行为告知牌（风险警示/绿色环保等）简明易懂

2. 结果质量

结果质量即消费者在接受服务时对实际获得的服务的感知。本研究结合吕维霞和王永贵（2010a，2010b）、吕维霞等（2009）、于文轩等

（2016）、朱丹薇（2016）、张育英等（2016）、徐冰冰（2009）等文献对公共服务的结果质量量表进行设计，具体问项设计如表7-2所示。

表7-2　　　　　　　　结果质量量表设计

服务质量维度	服务交互对象	六大感知	题　　项
结果质量	人员系统环境	知觉	行政中心提供的服务可以达到预期目标
			行政中心提供的服务有创新性
			办事结果是公平、公正的
			办事结果是公开的
			每次到机关办事能有所收获

四、问卷发放与数据收集

（一）问卷回收情况

行政服务业务的涉及面很广，例如：房屋、土地产权登记；契税办理；出入境、户籍管理；住房公积金；社会养老保障、劳动保障、医疗保险；交通违章处理；驾驶员管理；婚姻登记；残疾服务；水、电、燃气、电信；市民卡办理；涉企服务等。因此作为市民去过行政中心办过事的人非常多，故本次研究选择在行政中心发放问卷。问卷发放、收集于2018年8月完成，发放、回收均为350份，剔除无效问卷后，剩余有效问卷300份，有效回收率为85.7%。表7-3是行政服务样本的行为统计信息。

表 7 - 3 行政服务样本行为统计信息（N = 300）

变量	选项	N	占比（%）
去行政中心的频率	一年一次	91	30.3
	半年一次	94	31.3
	三个月一次	74	24.7
	一月一次	28	9.3
	一月多次	13	4.4
办理业务	房屋、土地产权登记	56	18.7
	契税办理；出入境、户籍管理	63	21
	住房公积金	55	18.3
	社会养老保障、劳动保障、医疗保险	114	38
	交通违章处理	82	27.3
	驾驶员管理；婚姻登记	24	8
	残疾服务	7	2.3
	水、电、燃气、电信	92	30.7
	市民卡办理	73	24.3
	涉企服务	38	12.7

（二）问卷基本信息统计

行政服务业问卷在第二部分对调研对象的基本信息进行统计，包括性别、年龄、学历、工作单位性质等。表 7 - 4 是调研对象基本信息的统计。

表7－4   行政服务样本分布

基本信息		频率	占比（%）
性别	男	146	48.7
	女	154	51.3
年龄	25岁及以下	56	18.7
	26~35岁	118	39.3
	36~45岁	89	29.7
	46~55岁	24	8.0
	55岁以上	13	4.3
学历	高中以下	24	8.0
	高中或中专	65	21.7
	大专	50	16.6
	本科	149	49.7
	研究生及以上	12	4.0
工作单位性质	国有企业	39	13.0
	民营企业	115	38.4
	外资企业	31	10.3
	学校或科研院所	34	11.3
	政府机构	21	7.0
	其他	60	20.0

五、数据分析与服务特性萃取

（一）信度分析

首先对描述行政服务的71个问题进行信度分析，整个量表的

Cronbach's α 系数为 0.986，远大于 0.7，说明行政服务质量的各指标间具有相当程度的内部一致性，行政服务质量测评量表的可信度较高。

（二）因子分析

1. KMO 检验和 Bartlett 检验结果

笔者在阅读大量相关国内外文献的基础上，以广泛认同的 SE-RVQUAL 模型为参照，基于顾客感知的角度，运用服务交互理论和服务蓝图技术并结合服务业相关特性，设计出本次调查的问卷，因此在内容效度上具有较强的合理性。依据 KMO 检验及 Bartlett 球形检验数据分析结果（见表 7 – 5），行政服务业数据 KMO 值为 0.966，表明各变量间共同因素较多，非常适合做因子分析。Bartlett 显著性值为 0.000，说明调研数据符合正态分布，适合进一步因子分析。

表 7 – 5　　　　　　　　　　KMO 值及 Bartlett 球形检验

KMO 值	Bartlett 球形检验		
	近似卡方	df	Sig.
0.966	26479.638	2701	0.000

2. 解释的总方差

初步提取 10 个因子，方差解释度为 73.976%。但是每个题项的公因子方差和题项在因子上的载荷有 12 个题项小于 0.5。对这些题项分别进行删除，重新运用主成分分析法进行因子分析。然后进一步对数据分析的结果进行判断，又删除 6 个题项。依据表 7 – 6 中数据分析结果可知，通过提取初始特征值大于 1 的因子，最终共提取 7 个行政服务特性因子，这 7 个因子分别解释了 17.46%、14.326%、8.928%、8.035%、6.622%、6.335%、6.253%，方差累计贡献率达到 67.959%，说明旋转后的因子能够反映原始变量中大部分信息，数据分析结果可接受。

表7-6   旋转后相关矩阵特征值和累积贡献率

成分	旋转平方和载入		
	特征值 λ	方差贡献率（%）	累积贡献率（%）
1	9.953	17.460	17.460
2	6.099	14.326	31.786
3	2.324	8.928	40.714
4	2.085	8.035	48.749
5	1.762	6.622	55.371
6	1.745	6.335	61.706
7	1.630	6.253	67.959

3. 旋转成分矩阵

经过反复多次的指标筛选，最终保留了71项初始指标中的49项，删除的问题包括：工作人员对顾客的神情诚恳；工作人员口齿清楚；工作人员声音听起来热情、柔和；工作人员不会因为忙而拒绝办理办事人的行政审批事项；行政办事过程透明；行政中心具备较为完善的监督机制；行政中心不会泄露隐私；行政中心的服务流程具有一定的灵活性；行政审批各环节都有清楚而详细的制度规定；行政中心各种途径所提供的信息一致；行政中心的投诉渠道方便；行政中心环境整洁；行政中心的灯光亮度适中；行政中心湿度适宜；行政中心不拥挤；行政中心的行为告知牌（风险警示/绿色环保等）简明易懂；其他办事人着装适宜；其他办事人举止得体；其他办事人行为友好；每次到机关办事能有所收获。旋转后每个公因子载荷分配更加清晰，表7-7即为行政服务指标旋转后成分矩阵结果展示。

表 7-7 旋转后的成分矩阵

项　目	1	2	3	4	5	6	7
行政中心能够提供清晰无误的费用清单	0.759	0.396	0.221	0.324	0.235	0.107	0.128
行政中心提供的各类信息具体丰富	0.725	0.236	0.226	0.335	0.317	0.012	0.132
行政中心能够提供正规有效的各类凭证	0.711	0.243	0.191	0.234	0.262	0.070	0.071
行政审批的收费标准公开统一	0.711	0.368	0.383	0.371	0.264	0.079	0.061
行政中心的投诉渠道公开	0.672	0.272	0.241	0.287	0.208	0.218	0.281
行政中心提供的各类信息及时更新	0.667	0.348	0.339	0.311	0.344	0.173	0.019
行政中心所提供的各类信息准确	0.667	0.152	0.177	0.297	0.428	-0.039	0.145
投诉能得到及时解决或答复	0.635	0.193	0.155	0.252	0.217	0.188	0.214
办事人可以通过网络、热线电话等渠道了解到事情的进展情况	0.527	0.366	0.240	0.395	0.207	0.437	0.167
行政中心的设备设施（例如，自助设备、取号设备）先进	0.181	0.658	0.379	0.398	0.199	0.311	0.038
行政中心的设备设施数量充足	0.358	0.690	0.365	0.362	0.230	0.225	0.225
行政中心的设备设施运行稳定	0.236	0.682	0.211	0.398	0.204	0.269	0.121
行政中心的设备设施容易使用	0.197	0.670	0.326	0.384	0.297	0.213	0.242
行政审批各个环节符合相关法律法规的要求	0.294	0.303	0.697	0.348	0.201	0.243	0.297
行政中心的各项办事收费公平合理	0.271	0.215	0.663	0.410	0.216	0.225	0.121
行政中心的服务流程设计合理	0.283	0.38	0.564	0.451	0.278	0.360	0.254
行政中心办事过程是公平、公正的	0.317	0.392	0.465	0.244	0.284	0.274	0.312

续表

问　项	1	2	3	4	5	6	7
工作人员能及时纠正服务中出现的偏差	0.224	0.311	0.123	0.803	0.337	0.062	0.088
工作人员让办事人感受到公平对待	0.327	0.232	0.273	0.795	0.153	0.139	0.066
工作人员能有效提供建议，帮助办事人避免不必要的付出	0.254	0.177	0.218	0.788	0.262	0.065	0.074
工作人员能够准确无误地为办事人办事	0.288	0.341	0.15	0.786	0.219	0.130	0.018
工作人员熟悉与所办业务相关的政府文件和政策法规	0.321	0.233	0.388	0.774	0.139	0.107	0.273
工作人员能耐心地听取办事人的陈述，了解办事人的需求	0.299	0.171	0.382	0.771	0.232	0.167	0.088
工作人员能在时限范围内办结办事人的行政审批事项	0.263	0.357	0.309	0.770	0.208	0.160	0.213
就事情的进展情况，工作人员能及时主动告知	0.243	0.398	0.289	0.759	0.215	0.148	0.056
工作人员用语规范、文明	0.291	0.195	0.321	0.740	0.261	0.216	0.043
工作人员能准确解释与所办业务相关的政府文件或政策规定	0.331	0.376	0.369	0.735	0.186	0.009	0.328
工作人员廉洁奉公	0.316	0.336	0.241	0.729	0.190	0.111	0.271
工作人员应用政策法规时，能结合实际，灵活应用	0.281	0.217	0.216	0.710	0.111	0.210	0.275
工作人员举止得体	0.301	0.380	0.315	0.684	0.171	0.128	0.028
行政中心的装修风格有吸引力	0.270	0.400	0.224	0.277	0.772	0.080	0.137
行政中心空间布局合理	0.225	0.361	0.256	0.208	0.758	0.095	0.246
行政中心的内部陈设有吸引力	0.327	0.393	0.361	0.226	0.741	-0.003	0.154
行政中心无噪声干扰	0.138	0.397	0.194	0.129	0.729	0.364	-0.044

续表

问　项	1	2	3	4	5	6	7
行政中心的背景声音舒适	0.247	0.391	0.296	0.183	0.709	0.322	0.117
行政中心的温度适宜	0.350	0.181	0.293	0.246	0.697	0.086	0.097
行政中心的通风良好	0.341	0.231	0.252	0.253	0.695	0.141	0.176
行政中心的各类指示标识清晰明确	0.225	0.301	0.205	0.317	0.677	-0.047	0.244
行政中心的办事表格容易填写	0.192	0.303	0.227	0.408	0.195	0.585	0.173
行政中心的服务时间是便利的	0.266	0.21	0.216	0.375	0.296	0.539	0.244
办事人能很方便地了解到办事程序和办事要求	0.323	0.281	0.349	0.223	0.314	0.532	0.156
行政中心办事过程方便快捷	0.446	0.322	0.151	0.353	0.210	0.528	0.227
办事人可以很容易找到工作人员或办事地点	0.293	0.385	0.281	0.245	0.315	0.498	0.099
行政中心办事费用的支付方式方便	0.156	0.277	0.271	0.235	0.200	0.683	0.166
行政中心处理办事人投诉流程简单	0.152	0.282	0.29	0.246	0.256	0.669	0.309
办事结果是公平、公正的	0.353	0.161	0.208	0.285	0.344	0.156	0.632
办事结果是公开的	0.355	0.315	0.256	0.381	0.338	0.168	0.565
行政中心提供的服务可以达到预期目标	0.290	0.186	0.191	0.293	0.428	0.182	0.553
行政中心提供的服务有创新性	0.412	0.354	0.209	0.316	0.350	0.141	0.552

4. 因子分析结果

本研究运用最大方差法旋转共保留行政服务质量测评指标 49 项，所得行政服务特性因子 7 个。随后依据各因子在每项指标上的载荷分布情况对各个因子进行命名。公因子 1 为"沟通性"（包括 9 项指标）；公因子 2 为"可靠性"（包括 4 项指标）；公因子 3 为"便利性"（包括 7 项指标）；公因子 4 为"有效性"（包括 4 项指标）；因子 5 为"合规性"（包括 4 项指标）；公因子 6 为"专业性"（包括 13 项指标）；公因子 7 为"舒适性"（包括 8 项指标）。详见表 7－8。

表 7－8   行政服务质量特性及测评指标

特性（9 个）	测评指标（49 项）
沟通性	X1 办事人可以通过网络、热线电话等渠道了解到事情的进展情况
	X2 行政中心所提供的各类信息准确
	X3 行政中心构所提供的各类信息及时更新
	X4 行政中心提供的各类信息具体丰富
	X5 行政审批的收费标准公开统一
	X6 行政中心能够提供清晰无误的费用清单
	X7 行政中心能够提供正规有效的各类凭证
	X8 行政中心的投诉渠道公开
	X9 投诉能得到及时解决或答复
可靠性	X10 行政中心的设备设施（例如，自助设备、取号设备）先进
	X11 行政中心的设备设施运行稳定
	X12 行政中心的设备设施数量充足
	X13 行政中心的设备设施容易使用
便利性	X14 办事人可以很容易找到工作人员或办事地点
	X15 办事人能很方便地了解到办事程序和办事要求
	X16 行政中心的办事表格容易填写
	X17 行政中心办事过程方便快捷

续表

特性（9 个）	测评指标（49 项）
便利性	X18 行政中心的服务时间是便利的
	X19 行政中心办事费用的支付方式方便
	X20 行政中心处理办事人投诉流程简单
有效性	X21 行政中心提供的服务可以达到预期目标
	X22 行政中心提供的服务有创新性
	X23 办事结果是公平、公正的
	X24 办事结果是公开的
合规性	X25 行政中心办事过程是公平、公正的
	X26 行政中心的服务流程设计合理
	X27 行政审批各个环节符合相关法律法规的要求
	X28 行政中心的各项办事收费公平合理
专业性	X29 工作人员举止得体
	X30 工作人员用语规范、文明
	X31 工作人员能耐心地听取办事人的陈述、了解办事人的需求
	X32 就事情的进展情况，工作人员能及时主动告知
	X33 工作人员让办事人感受到公平对待
	X34 工作人员能够准确无误地为办事人办事
	X35 工作人员能有效提供建议，帮助顾客避免不必要的付出
	X36 工作人员能及时纠正服务中出现的偏差
	X37 工作人员能在时限范围内办结办事人的行政审批事项
	X38 工作人员熟悉与所办业务相关的政府文件和政策法规
	X39 工作人员能准确解释与所办业务相关的政府文件或政策规定
	X40 工作人员应用政策法规时，能结合实际、灵活应用
	X41 工作人员廉洁奉公
舒适性	X42 行政中心的背景声音舒适
	X43 行政中心无噪声干扰
	X44 行政中心的通风良好

续表

特性（9个）	测评指标（49项）
舒适性	X45 行政中心温度适宜
	X46 行政中心空间布局合理
	X47 行政中心的装修风格有吸引力
	X48 行政中心的内部陈设有吸引力
	X49 行政中心的各类指示标识清晰明确

本研究中所提取的行政服务的特性具体含义如下：

沟通性：指服务过程中，所传递的信息满足办事人需求的程度。

可靠性：服务过程中设备设施/网站/App等要素满足办事人需求的能力。

便利性：指服务过程中为办事人提供的各类便利。

有效性：指服务效果的显著性，即服务结果符合预期并为办事人带来收益的程度。

合规性：指行政服务人员在服务过程中是否公平公正，且符合法律法规。

专业性：指服务过程中，服务人员表现出来的服务态度、办事专业能力。

舒适性：指服务场所环境的舒适程度。

六、行政服务质量测评体系构建

（一）二阶服务质量测评模型

结合探索性因子分析的结果，本研究将前文所提取的7个行政服务的服务质量特性作为潜变量，将49项服务质量测评指标作为观测变量，构建行政服务质量测评二阶模型（见图7-1）。

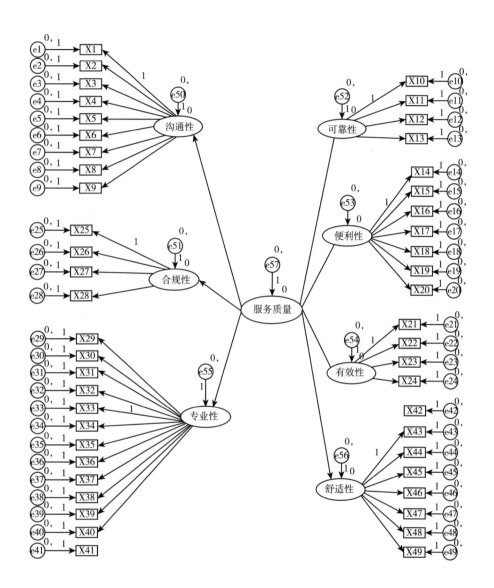

图 7 - 1 行政服务质量二阶模型

采用 AMOS22.0 将调研期间所收集到的行政服务质量评价数据代入模型中运行，对上述二阶模型进行模型拟合度检验和参数估计，拟合度指标基本达到指标（见表 7 - 9）。

表 7 - 9		初始模型的拟合指标			
指标	CMIN/DF	NFI	IFI	CFI	RMSEA
初始模型 2	2.751	0.825	0.881	0.880	0.077

模型的参数估计如图 7 - 2 所示，可以看到所有观测变量在潜变量上的载荷系数均大于0.7。

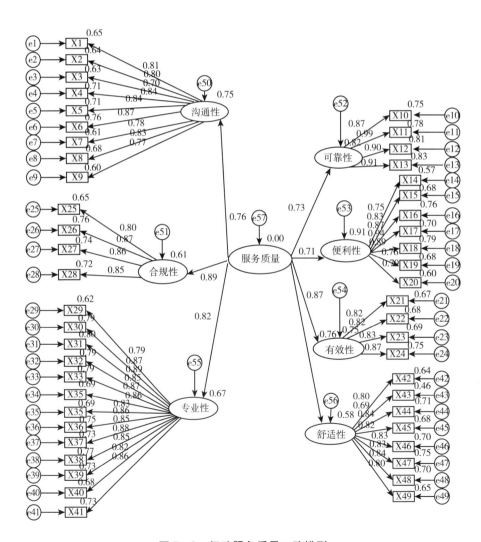

图 7 - 2　行政服务质量二阶模型

表 7-10 是 AMOS 输出的二阶因子与一阶因子的标准关系系数表。依据标准回归系数的大小对 7 个服务特性因子进行排序，依次为：合规性、有效性、专业性、沟通性、可靠性、便利性、舒适性。可知在行政服务质量评价中，服务人员的合规性是影响服务质量最关键的要素。

表 7-10 行政服务二阶因子与一阶因子的标准估计系数

项目	估计系数
合规性←行政服务质量	0.89
有效性←行政服务质量	0.87
专业性←行政服务质量	0.82
沟通性←行政服务质量	0.76
舒适性←行政服务质量	0.76
可靠性←行政服务质量	0.73
便利性←行政服务质量	0.71

（二）行政服务指标权重确定

进一步就各观察变量在潜变量上的载荷系数进行整理，得到 7 个行政服务一阶因子与其对应的服务质量测评指标的标准关系系数分布表（见表 7-11）。在"沟通性"因子下，"行政中心能够提供清晰无误的费用清单"相关性最强；在"可靠性"因子下，"行政中心的设备设施容易使用"相关性最强；在"专业性"因子下，"工作人员能耐心地听取办事人的陈述、了解办事人的需求"相关性最强；在"有效性"因子下，"办事结果是公开的"相关性最强；在"合规性"因子下，"行政中心的服务流程设计合理"相关性最强；在"舒适性"因子下，"行政中心的装修风格有吸引力"相关性最强；在"便利性"因子下，"行政中心的服务时间便利"相关性最强。

表7－11　　行政服务一阶因子与其对应的测评指标的标准关系系数

三级指标	二级指标	估计参数	三级指标	二级指标	估计参数
X1	沟通性	0.809	X26	合规性	0.873
X2	沟通性	0.801	X27	合规性	0.861
X3	沟通性	0.791	X28	合规性	0.846
X4	沟通性	0.844	X29	专业性	0.786
X5	沟通性	0.842	X30	专业性	0.866
X6	沟通性	0.870	X31	专业性	0.892
X7	沟通性	0.780	X32	专业性	0.846
X8	沟通性	0.827	X33	专业性	0.871
X9	沟通性	0.774	X34	专业性	0.853
X10	可靠性	0.867	X35	专业性	0.831
X11	可靠性	0.885	X36	专业性	0.864
X12	可靠性	0.900	X37	专业性	0.853
X13	可靠性	0.910	X38	专业性	0.864
X14	便利性	0.753	X39	专业性	0.853
X15	便利性	0.827	X40	专业性	0.878
X16	便利性	0.873	X41	专业性	0.855
X17	便利性	0.839	X42	舒适性	0.797
X18	便利性	0.886	X43	舒适性	0.681
X19	便利性	0.763	X44	舒适性	0.844
X20	便利性	0.777	X45	舒适性	0.823
X21	有效性	0.818	X46	舒适性	0.834
X22	有效性	0.823	X47	舒适性	0.868
X23	有效性	0.832	X48	舒适性	0.837
X24	有效性	0.869	X49	舒适性	0.805
X25	合规性	0.804			

　　将每个一阶因子的观测变量相关系数进行归一化处理，同时也对一阶因子与二阶因子之间的系数进行归一化处理，以获得各测量指标的权重，结果如表7－12所示。

表7－12　　　　　　　　行政服务质量测评体系指标权重

一级指标	二级指标	二级指标权重	三级指标	三级权重	三级指标对一级指标权重
行政服务质量评价体系	沟通性（9）	0.137	X1 办事人可以通过网络、热线电话等渠道了解到事情的进展情况	0.110	0.01507
			X2 行政中心所提供的各类信息准确	0.109	0.014933
			X3 行政中心所提供的各类信息及时更新	0.108	0.014796
			X4 行政中心提供的各类信息具体丰富	0.115	0.015755
			X5 行政审批的收费标准公开统一	0.115	0.015755
			X6 行政中心能够提供清晰无误的费用清单	0.119	0.016303
			X7 行政中心能够提供正规有效的各类凭证	0.106	0.014522
			X8 行政中心的投诉渠道公开	0.113	0.015481
			X9 投诉能得到及时解决或答复	0.105	0.014385
	可靠性（4）	0.132	X10 行政中心的设备设施（例如，自助设备、取号设备）先进	0.243	0.032076
			X11 行政中心的设备设施运行稳定	0.248	0.032736
			X12 行政中心的设备设施数量充足	0.253	0.033396
			X13 行政中心的设备设施容易使用	0.255	0.03366
	便利性（7）	0.128	X14 办事人可以很容易找到工作人员或办事地点	0.132	0.016896
			X15 办事人能很方便地了解到办事程序和办事要求	0.145	0.01856
			X16 行政中心的办事表格容易填写	0.153	0.019584
			X17 行政中心办事过程方便快捷	0.147	0.018816

续表

一级指标	二级指标	二级指标权重	三级指标	三级权重	三级指标对一级指标权重
行政服务质量评价体系	便利性（7）	0.128	X18 行政中心的服务时间是便利的	0.155	0.01984
			X19 行政中心办事费用的支付方式方便	0.133	0.017024
			X20 行政中心处理办事人投诉流程简单	0.136	0.017408
	有效性（4）	0.157	X21 行政中心提供的服务可以达到预期目标	0.245	0.038465
			X22 行政中心提供的服务有创新性	0.246	0.038622
			X23 办事结果是公平、公正的	0.249	0.039093
			X24 办事结果是公开的	0.260	0.04082
	合规性（4）	0.161	X25 行政中心办事过程是公平、公正的	0.238	0.038318
			X26 行政中心的服务流程设计合理	0.258	0.041538
			X27 行政审批各个环节符合相关法律法规的要求	0.254	0.040894
			X28 行政中心的各项办事收费公平合理	0.250	0.04025
	专业性（13）	0.148	X29 工作人员举止得体	0.071	0.010508
			X30 工作人员用语规范、文明	0.078	0.011544
			X31 工作人员能耐心地听取办事人的陈述、了解办事人的需求	0.080	0.01184
			X32 就事情的进展情况，工作人员能及时主动告知	0.076	0.011248
			X33 工作人员让办事人感受到公平对待	0.078	0.011544
			X34 工作人员能够准确无误地为办事人办事	0.077	0.011396
			X35 工作人员能有效提供建议，帮助办事人避免不必要的付出	0.075	0.0111
			X36 工作人员能及时纠正服务中出现的偏差	0.078	0.011544

续表

一级指标	二级指标	二级指标权重	三级指标	三级权重	三级指标对一级指标权重
行政服务质量评价体系	专业性（13）	0.148	X37 工作人员能在时限范围内办结办事人的行政审批事项	0.077	0.011396
			X38 工作人员熟悉与所办业务相关的政府文件和政策法规	0.078	0.011544
			X39 工作人员能准确解释与所办业务相关的政府文件或政策规定	0.077	0.011396
			X40 工作人员应用政策法规时，能结合实际，灵活应用	0.079	0.011692
			X41 工作人员廉洁奉公	0.077	0.011396
	舒适性（8）	0.137	X42 行政中心的背景声音舒适	0.123	0.016851
			X43 行政中心无噪声干扰	0.105	0.014385
			X44 行政中心的通风良好	0.130	0.01781
			X45 行政中心温度适宜	0.127	0.017399
			X46 行政中心空间布局合理	0.129	0.017673
			X47 行政中心的装修风格有吸引力	0.134	0.018358
			X48 行政中心的内部陈设有吸引力	0.129	0.017673
			X49 行政中心的各类指示标识清晰明确	0.124	0.016988

七、本章小结

本章从公共服务质量提升的背景入手，探讨了国内外对于公共服务和行政服务的相关研究，从行政服务质量的维度研究中分析了行政服务的特点。本章的研究重点包括通过本书的框架和相关文献形成行政服务的服务质量的测量指标体系，然后通过探索性因子分析和结构方程建模等方法对指标体系进行分析，构建可靠有效的行政服务质量测评模型。由此，我们形成了一个 7 个维度、49 个指标的测评体系，以提供给行政服务在服务提供时作为参考。

第八章

服务质量提升对策建议

一、消费性服务业服务质量提升对策建议

通过对餐饮、航空、酒店、零售、旅游以及银行等6个行业的消费者感知服务质量实证分析，并基于现阶段各行业的发展特点，本书提出了以下建议：

（一）依据行业特点，以差异化策略提升服务质量

基于本书研究选择的6大服务行业（餐饮、航空、酒店、零售、旅游、银行），本书发现不同服务特性在不同行业的重要性程度差异较大（见图8-1）。例如，在餐饮业中，消费者重视可靠性、舒适性以及沟通性的感知，即，消费者会更加关注服务企业的设备设施是否可靠、齐全、运行是否稳定和干净清洁等，以及服务场所的舒适程度（包括营业

环境的整洁、灯光、通风与湿度的适宜以及背景音乐、空间布局是否合理）等。而在酒店行业的服务质量评价中，沟通性、移情性和补偿性对于消费者而言十分重要，即服务酒店是否能提供给顾客相关的服务信息（包括各类充分的信息、主动告知信息、及时提供信息等），服务酒店是否能站在顾客的立场考虑，设身处地为顾客着想（包括提供个性化的关怀、服务人员为顾客提供有效的建议等），以及是否能对顾客的损失进行合理的补偿并与顾客保持长期关系的行为（包括主动对损失提供补偿、进行必要的回放、保持长期关系方式多样等）。因此，不同的服务行业需要根据该行业消费者对不同服务特性的感知重要程度进行提升，例如，餐饮服务可以在门面的装潢、服务人员的沟通培训、店内设备设施的数量、摆放和设计上着手，提升可靠性、舒适性以及沟通性。再如，酒店业可以对其员工强调要为顾客提供个性化的服务、为顾客主动提供各方面的信息，并积极地从开展长期关系维护上出发提升顾客对移情性和补偿性的感知。

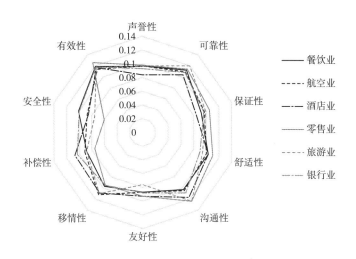

图 8-1   不同行业服务特性重要度差异

在结果质量中，有效性在各行业所占比重均最高（除旅游业外），说明各服务企业要以顾客感知服务结果是有效的为目标，进行服务作业。而公司质量中的声誉性在消费性服务业中，重要性程度要弱于消费者在消费过程中体验到的其他服务特性。但是，这并不表明，服务企业可以弱化对于公司质量的建设。对于吸引潜在顾客，声誉性扮演者重要的角色，声誉性的好坏直接影响着该服务企业的口碑与长期发展。

此外，不同的服务企业有不同的实际情况，目标人群不同、地域不同，业务特性也就不同，同时面对不同的业务，所提炼出的影响顾客感知服务质量的因素重要程度也会发生改变，所以为了获得长期的竞争优势以及在利润链上占有更大的优势，各服务机构必须拥有更高层次的业务和差异化服务（即竞争对手难以模仿的服务），进一步提升可靠性和有效性，优化服务流程，提供先进、充足、运行稳定的设备设施，对于服务内容要具有一定的特色，并且要求服务内容不断创新和充足丰富，为顾客提供清晰准确无误的账单。完善信息反馈和服务补救机制，与顾客保持长期关系的方式政策要求多样化和吸引力，并且可以对顾客进行回访，对顾客的反应要敏感、行动要迅速。

（二）以消费者为中心，重视服务质量的全流程管理

根据服务蓝图技术，顾客行为涵盖了顾客在购买、使用消费和评估服务过程中所发生的一系列的步骤、选择、行为以及他们之间所发生的互动。根据服务蓝图技术，完整的服务过程可以被分为服务前、服务中和服务后三个阶段，由图 8-2 可见银行业消费者办理业务的服务全流程。集合格朗鲁斯（Gronroos，1982）提出的感知服务质量的模型，将感知服务质量分为技术质量（服务的结果）、功能质量（服务提供的过程）和公司形象三个部分。结合服务蓝图技术与感知服务质量模型，服务前对应着公司质量（即服务公司的品牌形象和声誉），服务中对应着

过程质量（即服务的响应性、安全性、移情性、保证性等），服务后对应着结果质量（即服务结束结果的有效性）。为了提高服务质量，企业需要从完整的流程上着手全方位提升服务质量。例如，为了吸引新顾客，可以着力提升公司质量的塑造与管理；如若为了增强现有消费者的忠诚度，可以重视过程质量和结果质量的管理等。

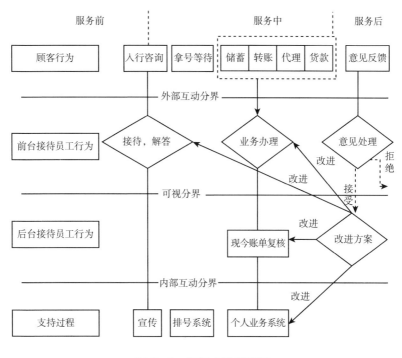

图 8 - 2 银行业服务蓝图

（三）以结果质量为导向，优化顾客对过程质量的感知

消费性服务业服务质量的提升需同时关注过程质量和结果质量。作为服务的特性之一，"同时性"准确地体现了服务具有生产与消费同步发生的属性。这意味着服务提供者在为消费者提供服务的时候，消费者

是在现场的，甚至消费者会亲身参与生产过程。比如，歌手在举办演唱会时，由观众现场点歌，歌手进行演唱。同时，服务生产和消费的同步性使得服务的过程和结果都尤为重要。实证结果表明结果质量的有效性在除旅游业外的五个行业中影响顾客感知服务质量的程度是最高的。换言之，顾客在服务结束时对服务结果感知是否有效，包括服务内容是否创新、充足丰富、收费是否公平合理等，会在很大程度上影响顾客对此次总体服务质量的感知与评价。同时，服务的传递过程是吸引、留住消费者的关键要素，即服务的差异化。体现在本研究中，就意味着如果服务提供者可以加深消费者对于移情性、舒适性和沟通性等过程质量特性的感知，那么在一定程度上就提高了对整体服务质量的评价。

（四）以过程质量为核心，多维度协同打造服务质量提升

通过仔细观察本研究萃取出的影响感知服务质量的相关因素，大多都是体现在服务人员与顾客接触的过程中，这将对服务环境、服务人员能力、服务机构均提出更高要求。若想要改善顾客感知服务质量，需要从服务环境、服务人员、服务系统多维度共同提升消费者的服务感知质量。

从服务环境提升来看，首先，消费性服务业应着重对内部营业环境进行整合，如提供适宜的温度、湿度，保持室内灯光明亮，营造相对安静的业务受理氛围等。其次，由于个体客户易受周围群体的影响，因此机构应尽力规范在场顾客行为举止。如银行业在个人储蓄、理财的服务中，可安排大堂经理及业务协作人员管理和督导银行事务，及时对违反规范化服务标准的现象进行更正，维持银行营业秩序，避免场所范围内的喧闹拥挤。

从服务人员能力提升来看，消费性服务业中，服务人员应保持用语

举止得体，口齿清晰，操作规范，使顾客从中获取满意的服务体验。除此之外，由于个体消费者多样性及差异性特点，尤其应给予顾客个性化关怀，针对不同消费者需求做出回应，有效解决客户的投诉抱怨并及时纠正服务过程中的偏差，提升消费者对机构的忠诚度。如供电服务人员需对客户的报修电话反应及时，并依据不同客户需求调整服务时间，尽快解决客户难题。同时，更需要加强服务人才队伍的建设，通过长期、有效、有针对性的培训，建立良好的激励体系，保证服务人员在与顾客接触的关键时刻能够给顾客带来良好的感知，这对于提升顾客感知服务质量具有关键作用。

从服务机构提升来看，消费性服务业在设备、投诉渠道等多方面应尽可能为顾客提供便利，以满足顾客多样化需求，维护个体消费者权益。并且个体消费者易受情感性及周边要素影响，服务选择具有较大的随机性，机构还应及时更新服务内容，定期对顾客进行回访以维持稳固的长期关系，避免顾客流失。如供电企业需定期询问客户电压稳定性、电路正常性情况，并在完成电力维修后对顾客满意度进行回访调查。

二、生产性服务业服务质量提升对策建议

通过对生产性服务业的特点进行分析，以及对金融服务业和物流服务业客户的感知服务质量进行实证研究，本研究提炼了移情性、可靠性、沟通性、有效性、声誉性、规范性、专业性、响应性、舒适性等九个生产性服务业的质量特性，同时通过结构方程确定了九个特性的权重，如图 8-3 所示。根据研究结果，特提出以下相关建议。

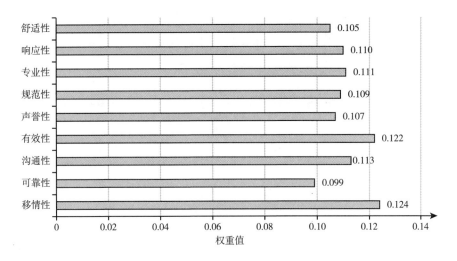

图 8 - 3　生产性服务业质量特性的权重

（一）客户决策前，注重公司质量的塑造和传递

由于相较于消费性服务业而言，生产性服务业具有服务对象相对理性的特点，即服务对象在确定服务提供商之前会全方位考察服务提供商的能力，本书在设计生产性服务业的感知质量框架时，特别重视公司质量维度的设计，参照斯皮罗斯·古纳里斯（2005）中提到的潜在质量维度。最终，公司质量分成规范性和声誉性两个维度，且权重分别为0.109和0.107。其中声誉性可以分为必要设备、产品齐全、人员稳定、必要人员四个方面，二级指标的权重分布如图 8 - 4 所示。图中显示人员稳定是其中最为重要的一项，第二位的是必要的人员。由于生产性服务业的服务对象相对固定，并且一般客户确定了服务提供商后会在比较长时间内接受服务，如果人员流动很大，会提高服务过程中的沟通成本。因此，生产性服务业企业应该重视服务团队的相对稳定，并配备必要的人员，从战略层面进行人力资源设计规划和管理激励。

在规范性维度上，包括管理规范、管理理念、良好经验和财务稳定

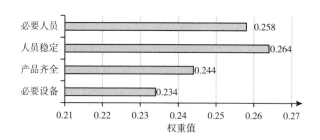

图 8 - 4　公司质量声誉性维度的权重

四个方面，二级指标的权重如图 8 - 5 所示。

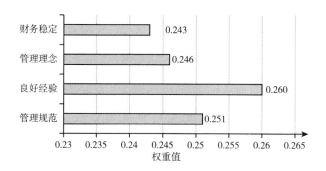

图 8 - 5　公司质量规范性维度二级指标权重

从图 8 - 5 中可以看到良好的经验是其中最为重要的指标，该指标说明客户重视服务提供商是否可以利用以往经验很快地进入角色，提供契合客户要求的服务。因此在接洽客户时，良好的同行经验和成功案例是影响客户决策的重要因素之一。

（二）服务过程重视生产性服务业人员素质的提升，改善服务质量

生产性服务业九个质量特性中，服务过程的质量特性包括移情性、可靠性、沟通性、专业性、响应性、舒适性等六个，其中移情性以 0.124 居于首位。移情性是用于衡量服务过程中，服务人员充分了解顾

客并尽力满足其需求的能力。该维度由员工关注细节、员工照顾客户利益、员工解决问题、员工提出建议、员工完成承诺、员工及时回应、员工准确理解需求、员工应变能力、员工个性化服务九个二级指标构成，二级指标的权重如图8－6所示。

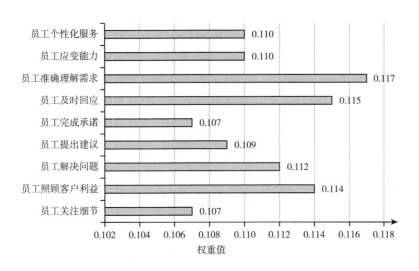

图8－6　移情性二级指标权重

从图8－6中可以看出，移情性主要来自员工的积极主动能力，也就是员工的能力和素养。其中员工准确理解需求的权重最高，第二位和第三位的分别是员工及时回应和员工照顾客户利益。这三个指标反映了客户的需求和利益是否理解到位并及时得到回应。因此，生产性企业在招聘和培训员工时，应充分重视员工对客户需求的觉察力，并通过制定回应规则提升员工对客户需求的回应能力。

综合移情性和公司质量中提到的"人员稳定"和"必要人员"这两个指标，可以看到，生产性服务业中人的要素是三个服务业类型中最为突出的。客户不仅在决策前会考虑人的因素，在服务过程中也最看重人的职业素养。

（三）提升服务结果质量的感知，满足生产性服务业客户对结果质量的高要求

从图 8-3 可见，有效性在权重排序中是第二位（0.122），足见生产性服务业客户对服务结果质量的重视。有效性维度由服务和企业的发展战略一致、服务有创新性、服务效果显著、服务对企业有帮助、服务达到预期四个二级指标组成，具体的权重如图 8-7 所示。

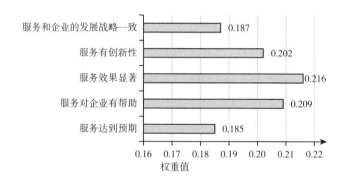

图 8-7　有效性维度二级指标的权重

从图 8-7 中可以看到，生产性服务业客户对结果的要求比较高，他们把服务效果显著、服务对企业有帮助和服务有创新性排在重要性程度的前三位，他们认为达到预期是一个应然的指标。由此，生产性服务业企业在服务结果的感知上应该超越满意，应该更加深度地嵌入客户企业的发展中，对其有实质性且显著的帮助，同时重视服务创新，在服务内容、流程、人员等多个层面持续创新。

（四）多维度协同打造服务质量提升

　生产性服务业提炼的九个维度中，有七个维度与消费性服务业是基

本一致的，覆盖了公司质量、过程质量和结果质量。在上面三个建议中我们着重探讨了公司质量和结果质量，以及过程质量中的"人"的因素。但是服务质量的提升是一个综合的工程，需要从设施设备建设、服务流程的响应、信息提供等多维度共同提升客户的服务感知质量。

很多生产性服务企业在服务提供过程中，会涉及设施设备，例如对于物流企业，运输车辆是一个必备的设施，设施的外观友好、先进性、稳定性等表现都会影响客户对服务质量的感知。例如当客户看到物流服务企业派出的运输车辆清洁干净，且运行稳定，故障率低，就会提升服务质量的感知。

从服务流程的响应来看，生产性服务业企业服务应尽可能简化，提升对客户的响应速度，同时满足客户的预期提升流程的合理性。例如，金融服务提供过程中应合理设计材料审核的环节，避免重复提交材料，并在风险反馈和处理环节应提高响应速度。

从服务信息的提供来看，生产性服务企业与客户会建立一个较为长期的关系，服务过程中涉及信息的交互，并且信息的交互中关系到客户的决策，因此信息提供中应该关注各类信息提供的准确性、及时性、充分性，以及不同渠道和时间提供信息的一致性，以免给客户造成混乱。

三、公共服务业服务质量提升对策建议

公共服务业与消费性服务业和生产性服务业较大的区别是公民在接受服务前没有选择，提供服务的主体就是政府，虽然各地政府所提供的公共服务通常也会有区别，但是选择并不是自主的，必须依据业务和属地的原则。因此公共服务质量在测度的时候只包括过程质量和结果质量两个方面，本书提炼了沟通性、可靠性、便利性、有效性、合规性、专

业性、舒适性等七个公共服务业的质量特性，同时通过结构方程的方法
确定了七个特性的权重，如图8-8所示。根据研究结果，特提出以下
相关建议。

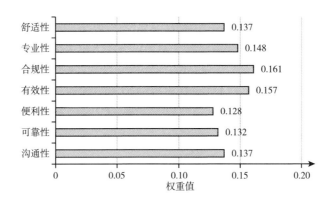

图8-8 公共服务质量特性的权重

（一）服务过程质量须重视服务提供的合规性和便利性

在过程质量的各个因素中，可靠性、沟通性、专业性和舒适性是与
生产性服务业和消费性服务业一致的维度。而作为公共服务业比较独特
的维度为合规性和便利性，值得政府在提供公共服务时关注。这和过去
研究者对公共服务质量维度的研究是一致的，很多学者都提到行政服务
质量应该包括便利性、透明性和守法性（吕维霞和王永贵，2010；朱丹
薇，2016；徐冰冰，2009）。

其中合规性包括"行政中心办事过程是公平、公正的""行政中心的
服务流程设计合理""行政审批各个环节符合相关法律法规的要求""行政
中心的各项办事收费公平合理"四个二级指标，具体权重如图8-9所示。

从图8-9中可以看到，行政中心的服务流程设计合理性被认为较
为重要，这一点在近年来各地"最多跑一次"改革中得到了印证。"最

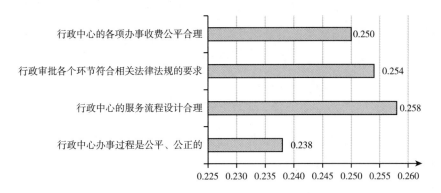

图 8 - 9　合规性维度二级指标权重

多跑一次"改革是通过"一窗受理、集成服务、一次办结"的服务模式创新，让企业和群众到政府办事实现"最多跑一次"的行政目标，本质上就是对服务流程的合理化、便民化设计。2016 年底，自浙江首次提出"最多跑一次"改革以来，已然显现出明显成效，民众对行政服务的满意度得到了大幅提升。除了流程的合理性外，政府也要重视办事过程中收费的公平合理，所谓行政乱收费，是指行政执法部门打着行政执法的旗号，违反法律法规的规定，或者超越法定的权限，向执法对象多收费或乱罚款，侵害被执法单位或个人合法权益，谋取局部利益的不正当行为。诸如越权立项、无证收费、收费不公示、任意扩大收费范围、随意提高收费标准、"搭车收费"、只收费不服务等现象一直以来都有存在，是导致民众对行政服务评价低的重要因素之一。

　　从便利性维度来看，由于民众对于行政服务的提供主体没有选择，便利性便显得尤为重要。便利性维度包括"办事人可以很容易找到工作人员或办事地点""办事人能很方便地了解到办事程序和办事要求""行政中心的办事表格容易填写""行政中心办事过程方便快捷""行政中心的服务时间是便利的""行政中心办事费用的支付方式方便""行政中心处理办事人投诉流程简单"等七个二级指标，囊括了时间、地点、流程、支付、投诉等各个方面的便利。近年来各地纷纷建立行政中心（或者叫市民中心），也是出于"一站式"便利性为出发点。

（二）服务结果公平公正

提供服务结果符合预期和具有创新性两个方面是三种类型服务业质量结果都关注的。除此之外，公共服务质量更加关注办事结果的公平、公正和公开。二级指标具体权重如图8-10所示。

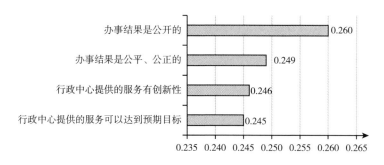

图8-10 服务结果二级指标权重

一直以来，推进公共服务均等化是我国一项长期坚持的工作。基本公共服务均等化是指全体公民都能公平可及地获得大致均等的基本公共服务，是维护社会公平、解决民生问题、化解社会矛盾、促进社会和谐、体现社会公平的迫切需要。我国从中央到地方政府，始终将公平、公正、公开作为现代公共服务体制最为核心的精神，也体现了公平、公正、公开是民众评判公共服务结果质量的重要因素。

（三）多维度协同打造服务质量提升

以行政服务为代表的公共服务业提炼的七个维度中，有五个维度与消费性服务业和生产性服务业是基本一致的，覆盖了过程质量和结果质量。公共服务质量的提升同样是一个综合工程，需要从设施设备建设、信息沟通、人员专业性和办事环境等多维度共同提升客户的服务感知质量。

在这些维度上，值得一提的是信息沟通。由于行政服务覆盖的项目非常广泛，涉及的信息类型也非常丰富，因此信息沟通维度包括了"办事人可以通过网络、热线电话等渠道了解到事情的进展情况""行政中心所提供的各类信息准确""行政中心所提供的各类信息及时更新""行政中心提供的各类信息具体丰富""行政审批的收费标准公开统一""行政中心能够提供清晰无误的费用清单""行政中心能够提供正规有效的各类凭证""行政中心的投诉渠道公开""投诉能得到及时解决或答复"等九个二级指标，较消费性服务业和生产性服务业在信息沟通上的要求更高，需要公共服务主体重视与民众各类信息的沟通。

结　语

本书以服务接触理论、服务交互理论、服务风险理论等为理论基础，以北欧模型、PZB 模型、三维模型、多层次模型为技术框架，构建了服务感知质量要素模型；通过消费型行业感知服务质量测评问卷编制、发放，完成了消费性服务特性指标的提取；通过生产型行业感知服务质量测评问卷编制、发放，完成了生产性服务特性指标的提取；通过公共服务业感知服务质量测评问卷编制、发放，完成了公共服务业服务特性指标的提取。

本书通过萃取服务产品感知质量共性要素，形成了服务特性基础测量技术，构建了多阶段、多维度相结合的服务感知质量整体测量技术体系，完成了基于感知的服务特性萃取和测量技术。

一、研究结论

本书基于顾客感知视角，运用感知服务质量、服务交互与服务蓝图技术等相关理论，分别构建起消费性服务业、生产性服务业以及公共服务业的服务质量测评模型。一方面，本书所构建的服务质量测评模型真正从"六大感知"实现对顾客感知的测量；另一方面，通用性的服务质量测评模型也增强了不同行业间的适用性，这些都为未来的服务认证等工作奠定了理论基础。与此同时，本书也丰富了目前服务质量领域内不同类型的服务业之间的对比研究，为服务质量测评模型的构建与服务质量优化提供了理论参考。本书的主要研究结论有以下几点：

（1）传统的感官营销理论以"视觉、听觉、嗅觉、味觉、触觉"五大感知为基础，而本书还补充了第六个感知：知觉，也即思维意识。它是对于以上多感官的整合，当消费者产生一种或一种以上的感官体验时，人的思维会下意识地对自身认知产生影响，最终出现各类行为。因此，本书结合感官营销及认知心理学相关理论，认为服务感知应包括六项。这对感官营销理论进行了有益的补充和完善。

（2）运用三维服务接触单元技术即通过四个服务阶段、三类交互对象以及六种服务感知的提炼，构建出涵盖72个单元的服务接触框架。这一模型既有效缓解了服务质量测评指标过于抽象的本质，又避免服务过程中关键要素的遗漏，以全面呈现顾客的真实感知，为通用性服务测评模型的构建提供了优化框架。

（3）通过文献分析法与深度访谈法，得到涵盖83个问项的消费性服务质量调研量表，然后运用SPSS软件对回收问卷的数据进行因子分析与信效度检验，共提取到10个消费性服务特性因子：声誉性、可靠性、保证性、舒适性、沟通性、友好性、移情性、补偿性、安全性、有效性。通过AMOS软件，构建了消费性服务业的服务质量一阶测评模型，并对模型的相关系数及拟合程度进行检验，与SERVQUAL等模型相比，本书所萃取的特性涵盖了消费者体验及消费的全流程，并突出强调了结果质量的重要性。

（4）通过文献分析法与深度访谈法，得到涵盖66个问项的生产性服务质量调研量表，并提取9个生产性服务特性因子：移情性、有效性、沟通性、专业性、响应性、规范性、声誉性、舒适性和可靠性。生产性服务业的服务质量二阶测评模型共包含1个一级指标、9个二级指标与38个三级指标。

（5）通过文献分析法与深度访谈法，得到涵盖71个问项的公共服务业服务质量调研量表，并提取7个公共服务业的服务特性因子：沟通性、可靠性、便利性、有效性、合规性、专业性和舒适性。公共服务业的服务质量二阶测评模型共包含1个一级指标、7个二级指标与49个三级指标。

二、研究展望

本书虽然为服务质量测评模型的构建与服务质量优化提供了一定的理论与现实参考，但现有研究仍存在种种不足，在未来的研究中，需要从以下几个方面开展更深入的探索：

（1）未来研究可进一步增加生产性服务和公共服务业的调研行业类型。本书在生产性服务业和公共服务业调研中，由于需要调研企业的全力配合以及对调研对象的要求较高，为增加调研的可行性，只选取了大多数企业都涉及的物流服务与金融服务行业，以及公共服务中比较典型的行政服务，这使得问卷发放的对象比较有限，代表性还不够充分，未来研究中可适当增加生产性服务业和公共服务业调研行业类型，以提高研究结果的准确性。

（2）可以结合市场营销学的理论，剖析消费性服务业、生产性服务业和公共服务业在消费群体、买卖关系等方面存在的差异，以及客户对服务质量评判依据和关注点的不同，从机理上系统揭示这三种类型的服务业为何在感知服务质量的测度指标体系上会存在差异，并分析其背后深层的原因。

（3）通用性服务质量测评模型在实际运用中需结合具体行业加以调

整。为增强此模型在不同服务领域范围内的适用性，需将所构建的通用性服务质量测评模型运用于具体服务行业，并依据不同行业特征对具体评价内容加以调整，以取得更佳的信效度。

（4）可以采用生物心理学和神经管理学原理和方法，将以上内容提炼出来的服务特性作为基础，结合国内外有关服务特性的标准和最新研究成果，针对各类服务特性的生理性指标，通过脑电仪和生理信号记录系统，检测顾客的精神负荷、生理负荷、情绪状态，采集顾客生理电位、眼动指标、脑电成分和心率等进行记录与分析，借助多种设备和系统采集服务特性的行为测量数据，提炼顾客体验产生的客观生理数据和信息，将顾客主观感知与行为数据挖掘和分析进行交互、比较，进一步提高服务特性测评的有效性。

附录1：生产性服务业访谈提纲

访谈目的的介绍：本次访谈旨在了解生产性企业如何感知其服务提供商的服务质量，通过多个生产性服务行业的研究，拟提取跨越行业的通用服务质量感知。

访谈问题：

一、公司目前服务提供商的基本情况（涉及访谈对象的即可）如何？

二、公司评价该类服务提供商的方法有哪些？主要的指标是什么？是否有书面材料可以获取？

三、对于该类服务提供商公司感知服务质量涉及的人员类型有哪些？

四、从服务前确定供应商、服务过程、服务结果三个阶段去感知服务提供商的质量是否合适？有没有补充？

五、生产性服务业中，确定服务提供商主要看重哪些要素？这些要素对服务质量感知重要吗？生产性服务业中的人员接触对服务质量感知重要吗？哪些方面是重要的？

六、生产性服务业中的环境接触对服务质量感知重要吗？哪些方面是重要的？

七、除了人和环境以外，还有哪些要素对服务质量感知是重要的？（适当时可举例，比如信息、设备、流程设计、执行、安全、投诉等）

八、从服务流程的角度，哪些要素对服务质量感知是重要的？

九、生产性服务企业的服务结果可以包括哪些内容？

十、公司的服务提供商提供哪些基于设备、平台的服务？这些服务中哪些要素对服务质量感知是重要的？

备注：访谈控制在 1~2 个小时，基本每个问题十分钟左右，根据情况调整。

附录 2：生产性服务业访谈记录

一、D 公司访谈提要

访谈对象所在部门：财务部、行政部、工程部

1. 涉及的服务业务（行政部和工程部纯服务业务不多）

财务部：存款、贷款，一些特殊时期，如股票增发涉及资金及方案需求。

行政部：办公用品、礼品采购；商务出差需求（如机票、酒店的代订）；保险需求。

工程部：全国分公司的工程建设（在有业务的地方设立分公司，从设计、装修、设备及家具等安装）。

2. 服务商选定前看重的要素

（1）财务部。企业发展的不同阶段看重的要素有差别。公司上市前，主要和 A 银行交往较多，主要关注成本（如贷款利率）、绿色通道、便捷等要素。上市后，如定增阶段，B 银行对资金及服务需求能提供更专业化的服务，因而和 B 银行业务交往较多。现在资金量更大，和各大银行均有交往，越往后越看重服务商的创新性产品和服务。

（2）行政部。对办公用品、礼品，通常通过招标采购，有相关评判标准，由多位评委打分后选出。一般标准包括：产品好、服务好、价格低，据此做出综合判断。

保险：由于 D 公司业务的特殊性，有些险种不是每家保险公司能提供的，所以是否有该险种业务是第一要素。其次是服务水平、品牌等。

（3）工程部。采用招标方式选择工程承建单位。首先要有相应的资质，这是由于公司业务特点决定的（无相应资质的公司安装设备将不能通过验审）。要在全国有分支机构，因为设备的安装要和当地政府交往，当地有分支机构，会更顺利。其次才是公司实力、口碑、价格等。业务特性决定了选定的工程承建单位是全国有实力的企业。

3. 服务中

（1）环境。服务提供商办公环境在服务前已考虑，在服务中就不重要了。

（2）人。谈吐衣着、态度、专业性、理解你的需求、解决客户的问题。

（3）信息。看中是否带来工作量的减少、帮助提升管理的信息。例如，专业的商务差旅代理公司每月底提供一份报表，说明商务状况、分类、节约费用等，对公司商务管理很有帮助，无须再统计，减少工作量。

（4）设备。在服务中更多接触的是服务商的软件系统、App，看重的是软件系统、App 的简洁、便捷、稳定性、信息安全。

（5）流程。看重简洁性。财务部的举例：有些银行业务需要银行领导批字，领导出差，业务就停在那里；有些银行业务需要客户老总确认，但老总很忙，而有些银行规定授权就可以了，因而后者的流程更简单。所谓流程主要看：时间（越快越好）、有没有增加我的工作量、按照双方要求进行流程变通、流程实施中严格控制，倒逼机制。

（6）安全。认为是基本要求，连安全都不能保证，怎么会让提供商提供服务！？

（7）投诉。按合同来解决，或者向对方上司投诉，因此有书面依据，后续不再考虑。

（8）智能化服务。数据积累、分析、帮助实现降本省钱目标，提高管理效率。

4. 服务后

（1）衡量好坏的标准：是否按合同执行，是否与预期一致。

（2）一致认为：好的服务可以减少管理、财务成本，提升管理水平。

（3）服务结果的条款只有战略这条不太认同。

（4）效果显著：咨询服务可以认同。

（5）提供服务协助我们的工作，提高工作效率。

二、J 公司访谈内容提要

访谈对象：J 公司物流部总监

1. 涉及的物流服务业务

运输：13 家物流服务商，核心供应商靠近长三角。

（1）点到点服务（干线运输）：整车，城市运输，中途不下车，节点到节点，3 家物流公司。

（2）零单运输：从仓库到片区经销商 A，按片区分工。中转点比较多，不考虑运输量。核心供应商只有 6 家，每家供应商只做一条线。

（3）仓储 KPI：仓储全外包，3 家物流公司。

2. 运输服务商选定前看重的因素和指标

（1）与公司的运营模式相匹配。

（2）行业内做得比较大的物流供应商、体量够大：注册资金标杆为 2 千万元。

（3）有一定的信息化运作能力（信息化程度的判断：不同公司的判断标准不同。例如干线类：要求路线跟踪准确性和及时性，行业中资源信息进行系统优化分类。零单类：要求提供应用系统软件接口）。

（4）财务状况良好。比如，市场运营能力比较强，运作经验丰富，有价格优势，无负债和股权纠纷。

（5）服务提供商的主要合作商声誉和能力等。

（6）口碑。

（7）服务提供商经营行业领域以及未来发展思路，包括公司成长性、公司架构和管理体系正规化程度、公司文化建设、公司内部管理（企业的安全和稳定因素）等，有时会通过服务提供商的人员、办公环境、文化语张贴、甚至卫生间的干净程度等来判断服务提供商的基础管理和文化。

3. 选择后磨合期过程中看重的指标

公司原来有 30 多家物流合作商，通过逐步淘汰，以及各省新增的方法，整合过后剩下 13 家。其中核心的 6 家是在同一水平上（即满足战略匹配性），这 6 家招标时主要的标准是价格与实力的权衡。

（1）磨合期注重的指标：时效保证、信誉、车源、投放的管理系统信息化平台信息化能力、行业中的资源能力等。其中，行业中的资源能力包括：公司的行业经验（比如经营的年限与时长），因为同行业产品的运营经验会关系到成本问题；公司的成长性；公司的主力线路；资源竞争中把控资源的能力，例如，社会资源车辆的调动能力，抢占社会资源能力，主力线路的量级合同绑定和挂靠能力等。

（2）提供商领导者的思维。

（3）抗风险能力和机制：比如与平台公司的合作，其承担风险的能力就比较强。

（4）投放的运营团队：人的数量和素质（专业）。

（5）门当户对的战略匹配性（即相互的利益重要程度）。如果是主力对主力，利益和价值的匹配不看短期价值而是注重长期合作战略，考虑相互利益的重要度，价值对等时，在沟通过程当中会更包容，甚至会牺牲短期利益，满足超行业的要求。

（6）员工态度：员工的态度会考虑，但不是主要因素。物流公司是项目团队在运作。项目经理的能力不足会更换，但项目经理不会影响合作。但公司跟公司之间的判断更重要。

4. 选择后磨合期过程中的服务质量判断

（1）磨合期过程中出现的问题是否被积极改善，如货损、人员能力不足等问题。

（2）跟原先判断有出入的部分，会淘汰。

（3）服务柔性：比如无论淡旺季，都能满足运输需求，而不能是在旺季时没有足够的力量来运输。

5. 服务后的结果质量标准

（1）成本（成本和服务质量权衡）。

（2）高效率。

（3）少出问题。

（4）提供增值服务（使公司客户满意）。

6. 其他

（1）服务创新主要是行业层面的工作，不是企业层面的工作。不太关注。

（2）提供附加支持：货物完好率、时效、满意度、交付服务是门到门还是卸货归仓等，提供增值服务。

（3）关注过程和关注结果都重要。只要客户满意，作为结果质量，即使过程质量一般，也可以。

参 考 文 献

［1］曹尔黎．第三方 B2B 电子商务平台服务质量分析 ［J］．商业研究，2011（6）：213-216．

［2］程欣．交通银行网上银行服务质量评价 ［D］．天津：天津大学，2013．

［3］邓之宏，郑伟亮，秦军昌．C2C 电子商务服务质量评价实证研究——基于中国 C2C 市场的问卷调查 ［J］．图书情报工作，2012，56（14）：141-147．

［4］范娜娜．B2B 和 C2C 两种模式下电子商务物流服务质量评价指标体系比较分析 ［J］．物流技术，2015，34（2）：123-126．

［5］范秀成．服务质量管理：交互过程与交互质量 ［J］．南开管理评论，1999，23（1）：8-12．

［6］范悦谦．新信息环境下我国高校图书馆服务质量评价与提升研究——基于修正 SERVQUAL 的实证 ［D］．镇江：江苏大学，2015．

［7］高阳，余建伟．判断矩阵标度扩展法在不同标度下的比较 ［J］．统计与决策，2007，24（20）：152-154．

［8］苟粒微．基于公众感知度的公共服务质量研究——以四川省 X 县行政服务中心为例 ［D］．重庆：西南政法大学，2016．

［9］何晓群．多元统计分析 ［M］．北京：中国人民大学出版社，2008．

[10] 侯丽艳. 经济法概论 [M]. 北京：中国政法大学出版社，2012.

[11] 侯杰泰，温忠麟，成子娟. 结构方程模型及应用 [M]. 北京：教育科学出版社，2004.

[12] 李刚，李建平，孙晓蕾，吴登生. 兼顾序信息和强度信息的主客观组合赋权法研究 [J]. 中国管理科学，2017，25（12）：179 - 187.

[13] 李雪. 基于服务接触理论的快递服务质量评价研究 [D]. 杭州：浙江理工大学，2017.

[14] 李莹. B2B 和 C2C 电子商务物流服务质量评价比较研究 [J]. 物流技术，2013，32（5）：85 - 87.

[15] 梁昌勇，代翚，朱龙. 基于 SEM 的公共服务公众满意度测评模型研究 [J]. 华东经济管理，2015，29（2）：123 - 129.

[16] 梁婧. 生产性服务业与制造业融合发展的中美对比 [J]. 中国中小企业，2017（8）：78 - 79.

[17] 刘希龙. 电子银行服务质量评价与改进模型研究 [D]. 上海：上海大学，2015.

[18] 刘晓峰，白雪娇. B2C 电子商务服务质量评价研究综述 [J]. 哈尔滨商业大学学报（社会科学版），2015（1）：97 - 104.

[19] 吕维霞，陈晖，黄晶. 公众感知行政服务质量模型与评价研究——跨地区、跨公众群体的比较研究 [J]. 南开管理评论，2009，12（4）：143 - 151.

[20] 吕维霞，王永贵. 服务设计、社会监督对公众感知行政服务质量影响的实证研究 [J]. 山东社会科学，2010b（8）：140 - 145.

[21] 吕维霞，王永贵. 公众感知行政服务质量对政府声誉的影响机制研究 [J]. 中国人民大学学报，2010a（4）：117 - 126.

[22] 马海群，唐守利. 基于结构方程的政府开放数据网站服务质量评价研究 [J]. 现代情报，2016，36（9）：10 - 33.

[23] 梅虎, 林玲霞, 马子程. 电商物流服务质量评价关键指标构建及分析 [J]. 物流技术, 2015, 34 (6): 85 – 88.

[24] 潘晶晶. 生产性服务业促进国内价值链升级作用机制及其实证研究 [D]. 浙江工商大学, 2018.

[25] 蒲国利, 苏秦, 戴宾. 基于容忍区域理论的我国零售业服务质量测量方法 [J]. 系统工程, 2012, 30 (9): 9 – 19.

[26] 施国洪, 岳江君, 刘庆广, 魏子清. SERVQUAL 模型在我国图书馆服务质量评价中的适用性研究——基于 kano 理论 [J]. 图书馆情报工作, 2009, 53 (23): 49 – 52.

[27] 史晓丹. 以顾客需求为导向的 B2C 电子商务服务质量优化研究 [D]. 济南: 山东大学, 2015.

[28] 苏秦, 崔艳武, 党继祥. 基于认证行业的 B2B 服务质量测评模型研究 [J]. 管理评论, 2010, 22 (7): 105 – 113.

[29] 苏增军. 基于 SERVQUAL 理论的快递业服务质量评价研究 [D]. 西安: 长安大学, 2016.

[30] 王春婷. 政府购买公共服务绩效及其影响因素的实证研究——基于深圳市与南京市的调查分析 [D]. 武汉: 华中师范大学, 2012.

[31] 王明明, 赵国伟. B2C 移动电子商务服务质量评价体系研究 [J]. 科技管理研究, 2015 (3): 142 – 145.

[32] 温雪华. 山东省生产性服务业推动制造业升级研究 [D]. 青岛: 青岛大学, 2018.

[33] 吴磊, 吴启迪. 基于 SEM 的生产性服务质量关键影响因素 [J]. 系统管理学报, 2011, 20 (2): 213 – 217.

[34] 吴明隆. 结构方程模型——AMOS 的操作与应用 [M]. 重庆: 重庆大学出版社, 2009.

［35］谢广营．B2C 与 C2C 网购物流服务质量测量评述：一个概念模型及理论框架 ［J］．管理评论，2016，28（4）：186－200．

［36］谢兴全．基本公共服务质量：一个系统的概念与分析框架 ［J］．中国行政管理，2017（3）：68－72．

［37］徐冰冰．我国地方政府行政服务质量测评研究 ［D］．北京：对外经济贸易大学，2009．

［38］于文轩，许成委，何文俊．服务型政府建设与公共服务绩效测评体系构建：以 X 市的纳税服务为例 ［J］．甘肃行政学院学报，2016（1）：4－12．

［39］张晶．基于 INDSERV 和 TRIZ 的生产性服务质量研究 ［D］．天津：天津大学，2014．

［40］张琳．不同模式下电子商务物流服务质量评价研究 ［D］．北京：北京交通大学，2012．

［41］张涑贤，苏秦，宋永涛，崔艳武．认证机构服务质量对关系质量影响实证研究 ［J］．科研管理，2011，32（3）：43－50．

［42］张育英，明承瀚，陈涛．行政审批服务质量与用户满意度的实证研究 ［J］．中国行政管理，2016（1）：77－81．

［43］章杨．基于顾客感知的酒店服务质量研究 ［D］．蚌埠：安徽财经大学，2015．

［44］赵卫宏，熊小明．网络零售服务质量的测量与管理——基于中国情境 ［J］．管理评论，2015，27（12）：120－130．

［45］周力．IT 服务质量评价研究——基于 SERVQUAL ［D］．上海：东华大学，2013．

［46］周正嵩，施国洪．物流企业服务质量测评及实证研究 ［J］．技术经济与管理研究，2012（7）：29－32．

［47］朱丹薇．行政审批服务质量的实际测评与提升路径研究——

以宁波市镇海区为例［D］. 杭州：浙江大学，2016.

［48］ Angus Ho, Piyush Sharma, Peter Hosie. Exploring Customers' Zone of Tolerance for B2B Professional Service Quality ［J］. Journal of Services Marketing, 2015, 29（5）：380 – 392.

［49］ Aleksandra Gulc. Models and Methods of Measuring the Quality of Logistic Service ［J］. Procedia Engineering, 2017（182）：255 – 264.

［50］ Arnoldina Pabedinskaite, Viktorija Akstinaite. Evaluation of The Airport Service Quality ［J］. Procedia-Social and Behavioral Sciences, 2014（110）：398 – 409.

［51］ Al-Hubaishi H, Ahmcad S, Hussain M. Exploring mobile government from the service quality perspective ［J］. Journal of Enterprise Information Management, 2017, 30（1）：4 – 16.

［52］ Amat Taap M, Choy Chong S, Kumar M, Kee Fong T. Measuring service quality of conventional and Islamic banks：A comparative analysis ［J］. International Journal of Quality & Reliability Management, 2011, 28（8）：822 – 840.

［53］ Anderson E W, Sullivan M W. The Antecedents and Consequences of Customer Satisfaction for Firms ［J］. Marketing Science, 1993, 12（2）：125 – 143.

［54］ Aurelia-Felicia Stăncioiu, Mihail-Cristian Diţoiu, Nicolae Teodorescu, Lucian-Florin Onişor, Ion Pârgaru. Sensory marketing strategies. Case study：Oltenia ［J］. Theoretical and Applied Economics, 2014, XXI（7）：43 – 54.

［55］ Bagozzi R P, Yi Y. On the evaluation of structural equation models ［J］. Academic of Marketing Science, 1988（16）：76 – 94.

［56］ Boginski V, Butenko S, Pardalos P M. Statistical analysis of finan-

cial network [J]. Computational Statistics Date Analysis, 2005, 48 (2):
431 – 443.

[57] Brady M K, Cronin J J. Some new thoughts on conceptualizing perceived service quality: A hierarchical approach [J]. Journal of Marketing, 2001, 65 (3): 34 – 49.

[58] Brown T J, Churchill G A, Nielson A C. Improving the measurement of service quality [J]. Journal of Retailing, 1993, 69 (1): 127 – 139.

[59] Bitner M J, Booms B, Tetreault M. The service encounter. Diagnosing favourable and unfavourable incidents [J]. Journal of Marketing, 1990, 54 (1): 71 – 84.

[60] Bell Simon, Auh J, Smalley S. Customer relationship dynamics: Service quality and customer loyalty in the context of varying levels of customer expertise and switching costs [J]. Journal of the Academy of Marketing Science, 2005, 33 (2): 169 – 183.

[61] Bitter M J, Booms B H, Tetreault M S. The service encounter: Diagnosing favorable and unfavorable incidents [J]. Journal of Marketing, 1990: 71 – 84.

[62] Beltagui A, Candi M, Riedel J C. Design in the experience economy: Using emotional design for service innovation [J]. Interdisciplinary Approaches to Product Design, Innovation & Branding in International Marketing, 2012: 111 – 135.

[63] Bezerra, Gomes. Measuring airport service quality: A multidimensional approach [J]. Journal of Air Transport Management, 2016, 53 (C): 85 – 93.

[64] Bharati P, Berg D. Managing information systems for service quali-

ty: A study from the other side [J]. Information Technology & People, 2003, 16 (2): 183.

[65] Bolton R N, Drew J H. A Multistage Model of Customers' Assessments of Service Quality and Value [J]. Journal of Consumer Research, 1991, 17 (4): 375 – 384.

[66] Bateson J E G, Lovelock C H, Eiglier P. Services Marketing: New Insights from Consumers and Managers [M]. Cambridge, Marketing Science Institute, 1981.

[67] Brady M, Cronin J. Some New Thoughts on Conceptualizing Perceived Service Quality: A Hierarchical Approach [J]. Journal of Marketing, 2001, 65 (3): 34 – 49.

[68] Browning H C, Singelman J. The Emergence of a Service Society [M]. pringfield, 1975.

[69] Chiu. A study on the cognitive and affective components of servicequality [M]. Total Quality Management, 2002.

[70] Carmines E G, Mclver J P. Analysing models with unobervable variables [M]. Beverly Hills, CA: sage, 1981.

[71] Caraman J. Perception of service quality: An assessment of SERVQUAL dimension [J]. Journal of Rrtailing, 1999, 23 (66): 33 – 55.

[72] Carig Morton, Brian Caulfield, Jillian Anable. Customer Perception of Quality of Service in Public Transport: Evidence for Bus Transit in Scotland [J]. Case Studies on Transport Policy, 2016 (4): 199 – 207.

[73] Cater-Steel A, Lepmets M. Measuring IT service quality: Evaluation of IT service quality measurement framework in industry. Journal of Service Science Research, 2014, 6 (1): 125 – 147.

[74] Curry A. Innocation in public service management [J]. Managing

Service Quality, 1999, 9 (3): 180 – 190.

［75］ Cronin J J, Taylor S A. Measuring service quality: A reexamination and extension ［J］. Journal of Marketing, 1992, 56 (7): 55 – 68.

［76］ Chen Yue, Chen Chaomei, Liu Zeyuan, et al. Methodological Functions of CiteSpace Knowledge Atlas ［J］. Studies in Science of Science, 2015, 33 (2): 242 – 253.

［77］ Chen C. CiteSpace II: Detecting and visualizing emerging trends and transient patterns in scientific literature ［J］. Journal of the American Society for Information Science and Technology, 2006, 57 (3): 359 – 377.

［78］ Chen Ming-Kuen, Lin Yen-Ling, Chen I-Wen. Constructing innovative service quality for department stores ［J］. Total Quality Management & Business Excellence, 2015, 26 (5 – 6): 1 – 15.

［79］ Compeau L D, Grewal D, Monroe K B. Role of prior affect and sensory cues on consumers' affective and cognitive responses and overall perceptions of quality ［J］. Journal of Business Research, 1998, 42 (3), 295 – 308.

［80］ Cronin J J, Taylor S A. Measuring service quality: A re-examination and extension ［J］. Journal of Marketing, 1992, 6 (7): 55 – 68.

［81］ Cytowic R E. Synesthesia and mapping of subjective sensory dimensions ［J］. Neurology, 1989, 39 (6): 849 – 850.

［82］ Diamantopoulous A, Siguaw J A. Introducing LISREL: A guide for uninitiated ［M］. Thousand Oaks, CA: sage, 2000.

［83］ Das A, Kumar V, Saha G. Retail service quality in context of CIS countries ［J］. International Journal of Quality & Reliability Management, 2010, 27 (6): 658 – 683.

［84］ Daniels J T. A physiologist's view of running economy ［J］. Med. Sci. Sports Exerc. 1985 (17): 332 – 338.

[85] Darline Vandaele, Paul Gemmel. Development of a measurement scale for business-to-business service quality: Assessment in the facility services sector [D]. working paper, 2004.

[86] Fan Shaoshuai, Shi Wenxiao, Wang Nan, Liu Yan. MODM-based evaluation model of service quality in the internet of things [J]. Procedia Environmental Sciences, 2011 (11): 63 – 69.

[87] Fitzsimmons J A, Fitzsimmons M J, Service management [M]. New York, McGraw-hill, 1995.

[88] Finn D W, Lamb C W. An evaluation of the SERVQUAL scales in retail setting [J]. Advances in Customer Research, 1991, 18 (1): 484 – 490.

[89] Federal Consulting Group. The American customers satisfaction index (ACSI) and its value in measuring customer satisfaction [R]. Washington D. C. , 2001.

[90] Fan Xiucheng. (1999). Interaction Process and Interaction Quality [J]. Nankai Management Review, 1999 (1): 8 – 12, 23.

[91] Freund, P. Social Synaesthesia: Expressive Bodies, Embodied Charisma [J]. Body & Society, 2009, 15 (4): 21 – 31.

[92] Ghobadian A, Speller S, Jones M. Service quality: Concepts and models [J]. International Journal of Quality and Reliability Management, 1994, 11 (9): 43 – 66.

[93] Gronroos C. Strategic management and marketing in the service sector [R]. Helsinki, Finland: Swedish School of Economics and Administration, 1982.

[94] Gil Saura, Ruiz Molina. Logistics service quality and buyer-customer relationship: The moderating role of technology in B2B and B2C contexts

［J］. Service Industry Journal, 2011 （31）: 1109 – 1123.

［95］ Gi Tae Yeo, Vinh V Thai, Sae Yeon Roh. An Analysis of Port Service Quality and Customer Satisfaction: The Case of Korean Container Ports ［J］. The Asian Journal of Shipping and Logistics, 2015, 31 （4）: 437 – 447.

［96］ Gronroos C. An applied service marketing theory ［J］. European Journal of Marketing, 1982, 16 （7）: 30 – 41.

［97］ Gronroos C. A service quality model and its marketing implications ［J］. European Journal of Marketing, 1984, 18 （4）: 36 – 44.

［98］ G Lynn Shostack. Planning the service encounter//in J. A. Czepiel, M. R. Solomon, and C. F. Surprenant （eds.）: The Service Encounter ［M］. Lexington, Lexington Books, 1985: 243 – 254.

［99］ Gronroos C. Relationship approach to marketing in service contexts: The marketing and organizational behavior interface ［J］. Journal of Business Research, 1990, 20 （1）: 3 – 11.

［100］ Garvin D A. What does product quality really mean ［J］. Sloan management review, 1984, 26 （1）: 25 – 43.

［101］ Grove S, Fisk J. The dramaturgy of services exchange: An analytical framework for services marketing ［J］. Emerging Perspectives in Services Marketing, American Marketing, Chicago, IL. , 1983.

［102］ Grove S, Fisk J. Observational data collection methods for services marketing: An overview ［J］. Journal of the Academy of Marketing Science, 1992, 20 （3）: 217 – 224.

［103］ Greenfield H L. Manpower and the growth of producer services ［M］. Columbia University Press, New York, 1966.

［104］ Hu L T, Bentler P M. Cutoff criteria for fit indexes in covariance

[J]. Structural Equation Modeling, 1999, 6 (1): 1 –55.

[105] Hair J F, Anderson R E, Tatham R L, Black W C. Multivariate data analysis with reading (3rd ed.) [M]. New York: Macmillan Publishing Company, 1992.

[106] Hadjinicola, Soteriou G C, Andreas C. Factors affecting research productivity of production and operations management groups: An empirical study [J]. Advances in Decision Sciences, 2006 (2): 96542 (1 –16).

[107] Hansen D E, Danaher P J. Inconsistent performance during the service encounter [J]. Journal of Service Research, 1999, 1 (3): 227 – 235.

[108] Hye young Joo, Seok beom Choi. A Comparative Study on B2C E-Commerce Service Quality of Korea [J]. Korea international commercial review, 2013, 28 (3): 231 –252.

[109] Hawkins R. The Business Model as a Research Problem in Electronic Commerce [J]. SPRU-Science and Technology Policy Research, 2001.

[110] Haase Janina, Wiedmann Klaus. The sensory perception item set (SPI): An exploratory effort to develop a holistic scale for sensory marketing. Psychology & Marketing, 2018, 35 (10): 727 –739.

[111] Hubbardpkb, Nutterds. Servicesectoremploy-mentinmerseyside [J]. Geoforum, 1982, 13 (3): 209 –235.

[112] Howells, Green A. Location, technology and industrial organization in UK services [J]. Progress in Planning, 1986, 26 (2): 83 – 184.

[113] Hernández, Jiménez, Martín. Customer behavior in electronic commerce: The moderating effect of e-purchasing experience [J]. Journal of Business Research, 2010, 63 (9 –10): 964 –971.

[114] Jaime Torres Fragoso, Ignacio Luna Espinoza. Assessment of

banking service quality perception usingthe SERVPERF model [J]. Contadur-iay Administracion , 2017 (62): 1294 – 1316.

[115] Jafar Sayareh, Sobhan Iranshahi, Neda Golffakhrabadi. Service Quality Evaluation and Ranking of Container Terminal Operators [J]. The Asian Journal of Shipping and Logistics, 2016, 32 (4): 203 – 212.

[116] Josph F Hair, Rolph E Anderson, Ronald L Tatham, William C Black. Multivariate data analysis [M]. Upper Saddle River, NJ: Prentice Hall, 1998.

[117] Jaana Tahyinen. The Process of Business Relationship Ending-Its Stages and Actors [J]. Journal of Market-Focused Management, 2002: 331 – 353.

[118] Jackson R, Cooper P H. Unique Aspects of Marketing Industrial Service [J]. Industrial Marketing Management, 1988, 17 (2): 111 – 118.

[119] Khanchitpol Yousapronpaiboon. SERVQUAL: Measuring higher education service quality in Thailand [J]. Procedia-Social and Behavioral Sciences, 2014 (116): 1088 – 1095.

[120] Kardes F, Cronley M, Cline C. Consumer Behavior [M]. United Kingdom: Cengage Learning, 2010.

[121] Kim & Moon. Customers' cognitive, emotional, and actionable response to the servicescape: A test of the moderating effect of the restaurant type [J]. International Journal of Hospitality Management, 2009, 28 (1): 144 – 156.

[122] Krishna A. An integrative review of sensory marketing: Engaging the senses to affect perception, judgment andbehavior [J]. Journal of Consumer Psychology, 2012, 22 (3): 332 – 351.

[123] Krishna A. Customer sense: How the 5 senses influence buying

behavior [M]. New York: Palgrave Macmillan, 2013.

[124] Ka-shing Wooa, Christine T. Ennew, Measuring business-to-business professional service quality and its consequences [J]. Journal of Business Research, 2005 (58): 1178 – 1185.

[125] Krishna A, Schwarz N. Sensory marketing, embodiment, and grounded cognition: A review and introduction [J]. Journal of Consumer Psychology, 2014, 24 (2): 159 – 168.

[126] Levitt T. Production-line approch to service [J]. Harvard business review, 1972, 50 (5): 41 – 52.

[127] Lewis R C, Booms B. The marketing aspects of service quality [J]. AMA Proceeding, American Marketing Association Chicago, 1983: 99 – 104.

[128] Lee Seong Ho. A Study on Relative Importance and Priority of B2B Service Quality [J]. Industrial innovation research, 2016, 32 (2): 45 – 69.

[129] Laura Eboli, Yanbing Fu, Gabriella Mazzulla. Multilevel Comprehensive Evaluation of the Railway Service Quality [J]. Procedia Engineering, 2016 (137): 21 – 30.

[130] Lovelock C H. Managing Service: The Human Factor [J]. Understanding Service Management, 1995 (4): 143 – 203.

[131] Lehtinen U, Lehtinen J R. A study of quality dimensions [J]. Service Management Institute, 1982, 5 (3): 25 – 32.

[132] Lehtinen Uolevi, Lehtinen J R. Two Approaches to Service Quality Dimensions [J]. The Service Industries Journal, 1991, 11 (3): 287 – 303.

[133] Lemon K N, Verhoef P C. Understanding customer experience

throughout the customer journey [J]. Journal of Marketing, 2016, 80 (16): 69 – 96.

[134] Linstrom M. Brand sense: Sensory secrets behind the stuff we buy [M]. London: Free Press, 2010.

[135] Lindstrom Martin. Brand sense: Build powerful brands through touch, taste, smell, sight & sound [M]. The Free Press, New York, 2005a.

[136] Lindstrom Martin. Broad sensory branding [J]. J Prod Brand Manag, 2005b, 14 (2): 84 – 87.

[137] Luksh T K, Layton R. Perception gaps in customer expectation: Managers versus service providers and customers [J]. The Service Indstries Journal, 2002, 22 (2): 109 – 128.

[138] Lee Seong Ho. A Study on Relative Importance and Priority of B2B Service Quality [J]. Industrial innovation research, 2016, 32 (2): 45 – 69.

[139] Lindstrom Martin. Brand Sense: Sensory Secrets behind the stuff webuy [M]. 1th edition, New York: Free Press, 2010.

[140] Mihail Aurel Titu, Andreea Simina Raulea, Stefan Titu. Measuring Service quality in Tourism industry [J]. Procedia-Social and Behavioral Sciences, 2016 (221): 294 – 301.

[141] Malhotra N K, Ulgado F M, Agarwal J, Baalbaki I B. International service marketing: A comparative evaluation of the dimensions of service quality between developed and developing countries [J]. International Marketing Review, 1994, 11 (2): 5 – 15.

[142] Moustaki I, Joreskog K G, Mavridis D. Factor models for ordinal variables with covariance effects on the manifest and latent variables: A Con-

parison of LIS and IRT Approaches [J]. Structrual Equation modeling, 2004, 11 (4): 487 – 513.

[143] Maghsoodi A, Mosavat M, Hafezalkotob A. Hybrid hierarchical fuzzy group decision-making based on information axioms and BWM: Prototype design selection [J]. Computers & Industrial Engineering, 2019 (127): 788 – 804.

[144] MacCallum R C Browne M W, Sugawara H M. Power analysis and determination of sample size for covariance structure modeling [J]. Psychological Methods, 1996, 1 (2): 130 – 149.

[145] Martínez-Tur, Moliner, Peñarroja, Gracia, Peiró. From service quality in organisations to self-determination at home [J]. Journal of Intellectual Disability Research, 2015, 59 (10): 882 – 890.

[146] Mayr P, Scharnhorst A. Scientometrics and information retrieval: Weak-links revitalized [J]. Scientometrics, 2014, 102 (3): 2193 – 2199.

[147] Milliman R E. The influence of background music on the behavior of restaurant patrons [J]. Journal of Consumer Research, 1986, 13 (2): 286 – 289.

[148] Miranda G. The service mesh: Resilient service-to-service communication for cloud native applications/George Miranda [M]. First ed., 2018.

[149] Nadia Pomirleanu, Babu John Mariadoss, Pavan Rao Chennamaneni. Managing service quality in high customer contact B2B services across domestic and international markets [J]. Industrial Marketing Management, 2016 (55): 131 – 143.

[150] Neto PLDC, Fusco JPA, Dos Reis JGM. Analysis of Quality in

Brazilian E-commerce [C]. Advanced Production Management Systems Conference, France: Univ Bordeaux, 2009.

[151] Nigam D A. Modeling relationship between experiential marketing, experiential value and purchase intensions in organized quick service chain restaurants shoppers using structural equation modelling approach [J]. Paradigm, 2012, 16 (1): 70 – 79.

[152] Ong Soo Ting, Mohd Shoki Md Ariff, Norhayati Zakuan, Zuraidah Sulaiman, Muhamad Zameri Mat Saman. E-Service Quality, E-Satisfaction and E-Loyalty of Online Shoppers in Business to Consumer Market: Evidence form Malaysia [J]. Materials Science and Engineering, 2016 (131): 1 – 10.

[153] Pai Y, Chary S. Measuring patient-perceived hospital service quality: A conceptual framework [J]. International Journal of Health Care Quality Assurance, 2016, 29 (3): 300 – 323.

[154] Parasuraman A, Berry L L, Zeithaml V A. Refinement and reassessment of the SERVQUAL scale [J]. Journal of Retailing, 1991, 67 (4): 20 – 50.

[155] Parkbyungin. Service Quality Assessment for The B2B Market in Chemical Products [J]. Korea Logistics Review, 2017, 27 (3): 125 – 145.

[156] Parasuraman A, Zeithaml V A, Malhotra A. E-S-QUAL: A Multiple-Item Scale for Assessing Electronic Service Quality [J]. Journal of Service Research: JSR, 2005, 7 (3): 213 – 233.

[157] Parasuraman A, Zeithaml V A, Berry L L. A multiple-item scale for measuring consumer perceptions of service quality [J]. Journal of Retailing, 1988, 42 (1): 12 – 40.

[158] Parasuraman A, Zeithaml V A, Berry L L. A Conceptual Model

of Service Quality and its Implications for Future Research [J]. Journal of Marketing, 1985, 49 (4): 41 – 50.

[159] Parasuraman A, Zeithaml V A, Berry L L. Reassessment of expectations as a comparison standard in measuring service quality: implications for further research [J]. Journal of Marketing, 1994, 58 (1): 111 – 124.

[160] Robert J, Janelle H. Exploring the relationship between perceptions and performance: Priorities for action [J]. The Service Industries Journal, 1998, 18 (1): 101 – 112.

[161] Richard A, Linda Hui Shi, Thomas J. Service Quality and Satisfaction in Business-to-Business Services [J]. Journal of Business & Industrial Marketing, 2009, 24 (8): 537 – 548.

[162] Rhonda L. Hensley Joanne Sulek, Managing Service Quality: An International Journal Customer satisfaction with waits in multi-stage services [J]. Managing Service Quality, 2007, 17 (2): 152 – 173.

[163] Rauch D, Collins M, Nale R, Barr P. Measuring service quality in mid-scale hotels [J]. International Journal of Contemporary Hospitality Management, 2015, 27 (1): 87 – 106.

[164] Rodrigues C, Hultén B, Brito C. Sensorial brand strategies for value co-creation [J]. Innovative Marketing, 2011, 7 (2): 40 – 47.

[165] Rosenzweig E, Queenan C, Kelley K. Virtuous cycles of service quality: An empirical test [J]. International Journal of Operations & Production Management, 2019, 39 (2): 357 – 380.

[166] Roy Ramphal, Angelo Nicolaides. Service and quality and quality service: Satisfying customers in the hospitality industry [J]. African Journal of Hospitality, Tourism and Leisure, 2014, 3 (2).

[167] Rust R, Oliver R. Service Quality: Insights and Managerial Im-

plications from the Frontier [J]. Service Quality: New Directions in Theory and Practice, 1994: 1 – 19.

[168] Ryu K, Jang S S. The effect of environmental perceptions on behavioral intentions through emotions: The case of upscale restaurants [J]. Journal of Hospitability and Tourism Research, 2007, 31 (1): 56 – 72.

[169] Rieper O, Mayne J. Evaluation and public service quality [J]. Scandinavian Journal of Social Welfare, 1998, 7 (2): 118 – 125.

[170] Richard A, Linda Hui Shi, Thomas J. Service Quality And Satisfaction in Business-to-Business Services [J]. Journal of Business & Industrial Marketing, 2009, 24 (8): 537 – 548.

[171] Santos J. E-service quality: A model of virtual service qualitydimensions [J]. Managing Service Quality, 2003, 13 (3): 233 – 246.

[172] Surprenant C F, Solomon M R. Predictability and personalization in the service encounter [J]. The Journal of Marketing, 1987: 86 – 96.

[173] Schmenner R. How can service businesses survive and prosper [J]. Sloan Management Review, 1986, 27 (3): 21 – 32.

[174] Spiros Gounaris. Measuring service quality in b2b services: An evaluation of the SERVQUAL scale vis-a-vis the INDSERV scale [J]. Journal of Services Marketing, 2005, 19 (6): 421 – 435.

[175] Sik Sumaedi, Medi Yarmen. Measuring Perceived Service Quality of Fast Food Restaurant in Islamic Country: A Conceptual Framework [J]. Procedia Food Science, 2015 (3): 119 – 131.

[176] Stefano N M, Casarotto Filho N, Barichello R, Sohn A P. A Fuzzy SERVQUAL Based Method for Evaluated of Service Quality in The Hotel Industry [J]. Procedia CIRP, 2015 (30): 433 – 438.

[177] Schmenner R. Service operations management/Roger W. Schmen-

ner. Englewood Cliffs, N. J. : Prentice Hall, 1995.

[178] Spiros Gounaris. An Alternative Measure for Assessing Perceived Quality of Software House Services [J]. The Service Industries Journal, 2005, 25 (6): 803 – 823.

[179] Sulek J M, Marucheck A S and Lind M. Measuring performance in multi – stage service operations: An application of cause selecting control charts [J]. Operations Management, 2006 (41): 711 – 727.

[180] Spiros Gounaris. Measuring service quality in b2b services: An evaluation of the SERVQUAL scale vis-a-vis the INDSERV scale [J]. Journal of Services Marketing, 2005, 19 (6): 421 – 435.

[181] Schmitt, B. Experiential marketing [J]. Journal of Marketing Management, 1999, 15 (1 – 3): 53 – 67.

[182] Tabachnick B G, Fidell L S. Using multivariate statistics (5th ed.) [M]. Needham Heights, MA: Allyn and Bacon, 2007.

[183] Um K H, Lau A K W. Healthcare service failure: How dissatisfied patients respond to poor servicequality [J]. International Journal of Operations & Production Management, 2018, 38 (5): 1245 – 1270.

[184] Wiedmann K, Labenz F, Haase J, Hennigs N. The power of experiential marketing: Exploring the causal relationships among multisensory marketing, brand experience, customer perceived value and brand strength [J]. Journal of Brand Management, 2018, 25 (2): 101 – 118.

[185] Wirtz J, Bateson J. An experimental investigation of halo effects in satisfaction measures of service attributes [J]. International Journal of Service Industry Management, 1995, 6 (3): 84 – 102.

[186] Yoga Nurdani, Puspa Indahati Sandhyaduhita. Impact of Express Delivery Service Quality towards Repurchase Intention by B2C and C2C: A

Case of Indonesia [C]. International Conference on Advanced Computer Science and Information Systems (ICACSIS), Indonesia: Malang, 2016.

[187] Zeithaml V A. Consumer Perceptions of Price, Quality and Value: A Means and Model and Synthesis of Evidence [J]. Journal of Marketing, 1988 (52): 2 - 22.

[188] Zeithaml V. Service excellence in electronic channels [J]. Managing Service Quality, 2002, 12 (3): 135 - 138.

[189] Zoya Wajid Satti, Samreen Fahim Babar, Hafiz Mushtaq Ahmad. Exploring mediating role of service quality in the association between sensory marketing and customer satisfaction [J]. Total Quality Management & Business Excellence, 2019.